Einnahmen-Ausgaben-Rechnung mit PC

Gewinnermittlung für Nicht-Buchführende

Von
Dozent
Diplom-Kaufmann Joachim Koch

Buch mit Diskette

R. Oldenbourg Verlag München Wien

Die Deutsche Bibliothek – CIP-Einheitsaufnahme

Koch, Joachim:
Einnahmen-Ausgaben-Rechnung mit PC : Gewinnermittlung für Nicht-Buchführende ; Buch mit Diskette / von Joachim Koch. – München ; Wien : Oldenbourg, 1994
ISBN 3-486-22970-2

Gesamtherstellung: Huber KG, Dießen

ISBN 3-486-22970-2

Vorwort

Welche Aufzeichnungen muß ein nicht-buchführender (Klein-)Unternehmer erstellen?
Muß Umsatzsteuer gezahlt werden?
Welche Freibeträge und Pauschalierungen von Betriebsausgaben gibt es?

Diese und weitere Fragen zur **vereinfachten Aufzeichnung** der Geschäftsvorfälle sowie der **Gewinnermittlung nach § 4(3) EStG** werden in diesem Buch beantwortet.

Nach einer Abgrenzung zwischen Buchführung und Aufzeichnungen werden einzelne Aufzeichnungspflichten (insbesondere Kassenbücher, Warenbücher, umsatzsteuerliche Dokumentationen) vorgestellt.

Die Gewinnermittlung auf Basis der **Einnahmen-Ausgaben-Rechnung** wird übersichtlich getrennt nach Umlaufvermögen, Anlagevermögen, Umsatzsteuer/Vorsteuer und durchlaufenden Posten erläutert.

Die **Software "JOKO-EA"** erleichtert als Bestandteil des Buches die Erfassung und Auswertung von notwendigen Dokumentationen betrieblicher Vorgänge am PC. Zu nennen ist insbesondere die Gewinnermittlung nach § 4(3) EStG mit Warenbüchern und Kassenbuch.

Die lizenzierte Vollversion ermöglicht eine uneingeschränkte Nutzungsmöglichkeit durch den Käufer.

An **Beispielen für die generelle Einrichtung** der Software wird zusätzlich das Handling der Software überschaubarer dargestellt.

Buch und Software richten sich in erster Linie an **Praktiker** - Freiberufler und sonstige selbständig Tätige sowie gewerbliche (Klein-)Unternehmer -, die nicht zur Buchführung verpflichtet sind und auch freiwillig keine Buchführung erstellen. Beide sollen helfen, den gesetzlich festgelegten Verwaltungsaufwand transparenter zu machen und ihn zu vereinfachen!

Sie richten sich aber auch an Studierende an (Fach-)Hochschulen und (Höheren Berufs-)Fachschulen oder in Fortbildungskursen (Volkshochschulen, Kammern etc.), die sich mit dieser Thematik vertraut machen müssen.

Ich **bedanke** mich an dieser Stelle für die Unterstützung dieser Veröffentlichung durch das Bildungszentrum für informationsverarbeitende Berufe (b.i.b.) in Paderborn, sowie bei meinen Fachkollegen, die mich wieder beraten haben.
Vielen Dank!

Paderborn, im April 1994 J. Koch

Inhaltsübersicht

Inhaltsverzeichnis

I. Aufzeichnungspflichten

II. Gewinnermittlung nach § 4(3) EStG

III. Anforderungen an eine EDV-orientierte EA-Rechnung

IV. Aufbau und Handling von "JOKO-EA"

V. Einrichtungsbeispiele für Unternehmen

I. Aufzeichnungspflichten

Aufzeichnungen haben in einem **Unternehmen** die Aufgabe, das Unternehmensgeschehen - soweit zahlenmäßig möglich - lückenlos und fortlaufend zu erfassen.
Dieser Vorgang wird entsprechend als **Dokumentation** bezeichnet. Ein Teil dieser Dokumentationen werden gesetzlich gefordert, weitere können freiwillig erfolgen.
Bei den gesetzlichen Aufzeichnungen werden bestimmte Aufzeichnungen nach **allgemeinen** - nicht steuerlichen - oder **steuerlichen** Vorschriften unterschieden.
Die erfaßten Zahlen dienen der **Information** externer Interessenten, wie z.B. der Finanzbehörde, oder der Unternehmenseigner. Anhand der Zahlen wird die unternehmerische Zielerreichung **kontrolliert**. Ohne sie ist eine **Planung** nicht denkbar.

Diese Aufzeichungen erfolgen in einem Unternehmen. Unter Unternehmen ist hier im Sinne des Umsatzsteuergesetzes die **Gesamtheit der gewerblichen und beruflichen Tätigkeit** als Einheit eines entsprechend Tätigen - **Unternehmers** - zu verstehen.

Die gewerbliche und berufliche Tätigkeit kann ein Unternehmer als Gewerbetreibender im Sinne des Einkommensteuergesetzes in Verbindung mit dem Gewerbesteuergesetz, als Land- und Forstwirt oder mit sonstiger selbständiger Arbeit, wie z.B. die eines Freiberuflers, im Sinne des Einkommensteuergesetzes ausüben.
Gemeinsam ist diesen Unternehmer-Typen, daß sie ihre Tätigkeiten selbständig, nachhaltig und mit der Absicht Gewinn zu erzielen vollziehen.
Selbständig ist derjenige, der das Risiko des Tätigwerdens trägt, der seine Arbeitszeit selbst bestimmt, der nicht weisungsgebunden ist.
Nachhaltig bedeutet, daß gleichartige Handlungen wiederholt durchgeführt werden bzw. die Absicht zur Wiederholung besteht oder aus einer Handlung wiederholt Einnahmen entstehen. Nach außen wird das durch ein entsprechendes unternehmerisches Auftreten (Werbung etc.) dargestellt.
Eine Gewinnerzielungsabsicht liegt vor, wenn der Unternehmer eine höhere Wertschöpfung aus seiner erbrachten Leistung gegenüber der ihm erbrachten Leistung zu erzielen beabsichtigt.
Die ausgeübte Tätigkeit muß sich an die Allgemeinheit richten. Es muß eine Beteiligung am Markt, am allgemeinen wirtschaftlichen Verkehr, vorliegen.

Gewerbetreibende sind die, die weder als **Land- und Forstwirte** tätig sind, noch eine "sonstige" selbständige Arbeit erbringen.

Zu den Unternehmern mit "sonstiger" **selbständiger Arbeit** gehören Einnehmer staatlicher Lotterien, Testamentsvollstrecker, Vermögensverwalter, Aufsichtsratsmitglieder und **Freiberufler**. Letztere werden, soweit sie nicht als Kapitalgesellschaft (siehe auch Formkaufmann) tätig werden, unterteilt in die folgenden Gruppen. Eine Mithilfe durch fachliche vorgebildete Kräfte ist unschädlich, notwendig ist aber eine aufgrund der Fachkenntnisse leitende und eigenverantwortliche Tätigkeit.

Gruppe 1	Gruppe 2	Gruppe 3
wissenschaftliche Tätigkeit künstlerische Tätigkeit schriftstellerische Tätigkeit unterrichtende Tätigkeit erzieherische Tätigkeit	Berufstätigkeit als Arzt, Zahnarzt, Tierarzt, Rechtsanwalt, Notar, Patentanwalt, Vermessungsingenieur, Ingenieur, Architekt, Handelschemiker, Wirtschaftsprüfer, Steuerberater, beratender Volks- und Betriebswirt, vereidigter Buchprüfer, Steuerbevollmächtigter, Heilpraktiker, Dentist, Krankengymnast, Journalist, Bildberichterstatter, Dolmetscher, Übersetzer, Lotse	ähnliche Berufe wie Gruppe 2; Freiberufler sind z.B.: Diplom-Informatiker, Diplom-Mathematiker, Heilmasseure **aber** keine Freiberufler sind: Anlageberater (auch nicht bei wiss. Ausbildung), Marktforschungsberater, DV-Berater, Software-Hersteller;

Aus dieser Abgrenzung geht hervor, daß es sich bei den meisten Tätigkeiten um die Tätigkeit in einem Gewerbe handelt. Dazu zählen alle Händler mit Waren, Geld, Versicherungen, Makler, Erbringer von Dienstleistungen, soweit nicht als Freiberufler anerkannt.

1. Nichtsteuerliche Aufzeichungen

1.1. Buchführung

Nur **Vollkaufleute** sind nach dem Handelsgesetzbuch verpflichtet, eine ordnungsgemäße Buchführung mit Bilanzen etc. zu erstellen. Vollkaufleute lassen sich in die folgenden Gruppierungen unterteilen:

Mußkaufmann	**Sollkaufmann**	**Kannkaufmann**	**Formkaufmann**
übt ein Grundhandelsgewerbe nach §1 HGB aus - Warenhandel einschl. der fabrik- und handwerksmäßigen Verarbeitung - Übernahme der Be-/Verarbeitung im Werkvertrag für Dritte (fabrikmäßig) - Versicherung - Kreditwesen - Transport - Makler - Verlage - Großdruckereien	Inhaber handwerklicher und sonstiger gewerblicher Unternehmen z.B. - Auskunfteien - Hotelbetriebe - Sanatorien - Bauunternehmen	Inhaber land- und forstwirtschaftlicher Unternehmen	Kaufmann kraft Rechtsform z.B. - Aktiengesellschaften - GmbHs

Mußkaufmann	**Sollkaufmann**	**Kannkaufmann**	**Formkaufmann**
mit eingerichtetem Geschäftsbetrieb	mit eingerichtetem Geschäftsbetrieb **und** Eintragung im Handelsregister	mit eingerichtetem Geschäftsbetrieb **und** Eintragung im Handelsregister	mit eingerichtetem Geschäftsbetrieb **und** Eintragung im Handelsregister
Vollkaufmann	Vollkaufmann	Vollkaufmann	Vollkaufmann

Ob das Unternehmen einen **eingerichteten Geschäftsbetrieb** benötigt, hängt von den betrieblichen Verhältnissen insgesamt ab. U.a. gelten als Kriterien das Ladenlokal, die Zahl der Beschäftigten unter Berücksichtigung von Arbeitsteilung und Organisation, die Menge der Geschäftsvorfälle und der Geschäftsbeziehungen, die Höhe des Umsatzes sowie des Anlagevermögens und Betriebskapitals, die Benutzung von Registrierkassen durch beauftragtes Personal, Auszubildende.

Mußkaufleute deren Unternehmen keinen eingerichteten Geschäftsbetrieb mit entsprechender kaufmännischer Organisation erfordert, werden als **Minderkaufleute** von allen handelsrechtlichen Rechten und Pflichten - und somit auch von der Buchführung - befreit.

Während der Kaufmann aus der Sparte der Mußkaufleute mit einem eingerichteten Geschäftsbetrieb aufgrund des Grundhandelsgewerbes schon Vollkaufmann ist, werden Kaufleute mit eingerichtetem Geschäftsbetrieb aus den anderen Sparten erst mit ihrer **Eintragung im Handelsregister** Vollkaufleute. Man nennt deshalb eine solche Eintragung rechtserzeugend - **konstitutive Eintragung**, im Gegensatz zur reinen bekanntmachenden (rechtsbezeugenden) Eintragung eines Muß-Vollkaufmanns - **deklaratorische Eintragung**.
Das **Handelsregister** ist ein beim Amtsgericht geführtes Verzeichnis aller Vollkaufleute eines Amtsgerichtsbezirkes.

Sollte ein Unternehmer im Handelsregister eingetragen sein, obschon er die Voraussetzungen nicht erfüllt hat, so hat er als **Scheinkaufmann** ebenfalls alle Rechte und Pflichten eines Vollkaufmanns - einschließlich der Buchführungspflicht, denn er erweckt vor Dritten den Anschein, ein Kaufmann zu sein.

Weitergehende Buchführungsvorschriften neben den Vorschriften des Handelsgesetzbuches (HGB) gibt es für Aktiengesellschaften, GmbHs sowie Genossenschaften. Außerdem gibt es Vorschriften für bestimmte Wirtschaftszweige, die unterschiedlichen Zwecken dienen, z.B. der Erleichterung der staatlichen Aufsicht und Kontrolle.

Als Technik nutzt man im kaufmännischen Bereich für diese Art der Aufzeichnungen die **einfache** oder die **doppelte Buchführung**, die allerdings nicht das Thema dieser Darstellung sind.

Die Buchführung oder Finanzbuchführung ist die **lückenlose**, **planmäßige** und **ordnungsmäßige** Aufzeichung aller Geschäftsfälle eines Unternehmens, die sich durch die Beziehungen zur Umwelt - den Märkten und dem Staat - ergeben.
Durch Ein- und Verkauf, Einnahmen und Ausgaben wird das Vermögen eines Unternehmens ständig verändert. Der Interessent soll einen Überblick über Ursachen und Höhe der Veränderungen haben (Vermögensmehrung/ -minderung). Er soll auch wissen, wie hoch Aufwand und Ertrag sind, ob ein Verlust oder ein Gewinn erwirtschaftet wurde.

1.2. Andere Aufzeichnungen

Viele Gesetze und Verordnungen verlangen von jeweils bestimmten Berufsgruppen **besondere Aufzeichnungen**.

U.a. haben Apotheker, Bauträger, Fahrschulen, Gebrauchtwagenhändler, Handelsmakler, Ausgeber von Heimarbeit, Hotels, Reisebüros, Spediteure, Vieh- und Fleischverkäufer solche besonderen Aufzeichnungen zu erbringen.

2. Aufzeichungen nach Steuerrecht

2.1. Buchführung

§ 140 **Abgabenordnung** (AO) als allgemeines Steuerrahmengesetz ordnet die steuerliche Buchführungspflicht für alle die an, die nach anderen Gesetzen Bücher führen müssen. Diese haben die Verpflichtungen, die ihnen nach den anderen Gesetzen obliegen, zusätzlich auch für die Besteuerung zu erfüllen.
Diese Vorschrift gilt also auch für die o.a. Vollkaufleute.

Weiter ist nach § 141 AO derjenige zur Buchführung verpflichtet, bei dem als **Gewerbetreibenden** oder als **Land- und Forstwirt** bestimmte Wertgrenzen beim Betriebsvermögen bzw. Wirtschaftswert, Gewinn oder Umsatz überschritten werden.

Überschreiten der Grenzen beim:	als Gewerbetreibender	als Land- und Forstwirt
Gewinn (Erfolg der Unternehmung)	36.000 DM	36.000 DM
Umsatz (Erbrachte Leistungen in DM)	500.000 DM	500.000 DM
Betriebsvermögen (Gesamte Vermögenswerte)	125.000 DM	-
Wirtschaftswert (selbstbewirtschaftete Flächen)	-	40.000 DM

Dieser Paragraph bedeutet also eine Erweiterung der steuerlichen Buchführungspflicht.

Wer darüber hinaus jedoch als Unternehmer freiwillig eine Buchführung erstellt, muß ebenfalls alle entsprechenden Rechtsvorschriften für Buchführende beachten!

2.2. Andere Aufzeichnungen

Unternehmer, die nicht buchführungspflichtig sind bzw. nicht freiwillig eine Buchführung erstellen, müssen **steuerrechtlich** jedoch **vereinfachte Aufzeichnungen** als Basis für die Besteuerung erstellen.

Neben den speziellen branchentypischen Aufzeichnungen sind diese **steuerlichen Aufzeichnungspflichten** deshalb für jeden Unternehmer so interessant, weil bei einer Verletzung dieser Pflichten entsprechende Sanktionen drohen.
So kann die Finanzbehörde die Aufzeichnungen durch Festsetzung eines Zwangsgeldes erzwungen werden. Sind die Aufzeichnungspflichten nicht beachtet, sind sie unvollständig oder sachlich falsch können die Besteuerungsgrundlagen geschätzt werden. Ordnungswidrigkeiten (vorsätzlich oder leichtfertig entstandene Kürzungen von Steuereinnahmen) können mit einem Bußgeld von bis zu 10.000 DM bestraft werden. Führt die Verletzung der Aufzeichnungspflichten zu Steuerhinterziehungen (unrichtige oder unvollständige Angaben über erhebliche steuerliche Tatsachen u.a.) so ist sogar mit einer Freiheits- oder Geldstrafe zu rechnen!

2.2.1. Allgemeine Anforderungen an Aufzeichnungen

Aufzeichnungen sind so vorzunehmen, daß der Zweck, den sie für die Besteuerung erfüllen sollen, erreicht wird. Sie müssen somit vollständig, richtig, zeitgerecht und geordnet vorgenommen werden.

Kasseneinnahmen und Kassenausgaben sollen hierbei täglich festgehalten werden! Soll- und Istbestände sollen auf diese Weise verglichen werden können. So ist es aber auch erforderlich, Zahlungsvorgänge zwischen mehreren Kassen zu dokumentieren.

Andere Geschäftsvorfälle können bei entsprechender Organisation periodenmäßig innerhalb eines Monats erfaßt werden.

Die Aufzeichnungen sind in einer lebenden Sprache vorzunehmen, wobei die Finanzbehörde Übersetzungen in die deutsche Sprache verlangen kann. Abkürzungen und Symbole müssen eindeutig definiert sein.
Eine Aufzeichnung darf ferner nachträglich nicht mehr so verändert werden, daß der ursprüngliche Inhalt nicht mehr feststellbar ist. Veränderungen müssen als Veränderungen erkennbar sein.

Aufzeichnungen können auch in der geordneten Ablage von Belegen bestehen oder auf Datenträgern - z.B. mit Hilfe der EDV - geführt werden. Zulässig sind alle Verfahren, soweit die Aufzeichnungen den Besteuerungszweck erfüllen. Bei der Aufzeichnung auf Datenträger ist es erforderlich, die Daten während des Aufbewahrungszeitraumes jederzeit innerhalb angemessener Frist - z.B. mittels eines Datensichtgerätes - lesbar zu machen.

2.2.2. Aufbewahrung von Aufzeichnungen

Zwecks späterer Nachprüfbarkeit müssen die Aufzeichnungen und die notwendigen Organisationsunterlagen zehn Jahre **aufbewahrt** werden. Das gilt auch für als Aufzeichnung angelegte Belegsammlungen.

Geschäftsbriefe, Kopien von Geschäftsbriefen, Buchungsbelege und sonstige Unterlagen dagegen sind sechs Jahre aufzubewahren.

Die Aufbewahrungspflicht beginnt mit dem Ende des Kalenderjahres, in dem die letzte Aufzeichnung vorgenommen wurde bzw. der Geschäftsbrief empfangen oder abgesandt wurde oder die sonstigen Belege und Unterlagen entstanden sind.

Bei der Aufzeichnung auf Datenträgern oder der Erfassung der Handelsbriefe und Belege auf Bildträgern ist es erforderlich, die Daten jederzeit innerhalb angemessener Frist - z.B. mittels eines Datensichtgerätes - lesbar zu machen.
Allerdings können die Datenträger auch ausgedruckt aufbewahrt werden.

2.3. Spezielle Aufzeichnungen

(Neben den folgenden Aufzeichnungsvorschriften gibt es noch weitere Einzelvorschriften, z.B. für die Steuerüberwachung der **Verbrauchssteuern** - u.a. Biersteuer, Mineralölsteuer, Branntweinsteuer. Diese sollen hier jedoch nicht näher erläutert werden.)

2.3.1. Aufzeichnungen nach der Abgabenordnung

a) Betriebseinnahmen und Betriebsausgaben

Zur Ermittlung des einkommensteuerlichen Gewinns als Differenz zwischen den **Betriebseinnahmen** und den **Betriebsausgaben** sind diese Einnahmen und Ausgaben einzeln aufzuzeichnen oder (s.o.) über eine entsprechende Belegsammlung zu dokumentieren.
Aus praktischen Erwägungen reichen jedoch Aufzeichnungen der **Tagessummen** der Betriebseinnahmen aus, wenn die Belege dazu als Einzelaufzeichnungen aufbewahrt werden.

Wie eben schon erwähnt sollen hierbei die **baren Vorfälle** täglich erfaßt werden. Soll- und Istkassenbestände können so genauer kontrolliert werden. Daher ist auch eine Verrechnung des Geldflusses zwischen mehreren Kassen festzuhalten.
Der Gesetzgeber legt hierauf besonderen Wert, denn jeder normale Geschäftsvorfall wird sich letztlich in irgendeiner Periode als Kassenzu- oder -abfluß oder aber - belegt durch Kontoauszüge - auf den Bankkonten auswirken.
Kleingewerbetreibende, die keine **Registrierkassen** haben, können die täglichen baren Betriebseinnahmen durch **Kassenberichte** rechnerisch ermitteln. Diese Kassenberichte müssen das Datum, den Kassenbestand am Ende des Vortages, die täglichen Entnahmen und Einlagen (aus dem Privatbereich des Unternehmers), die baren Betriebsausgaben unter Angabe von Zweck und Empfänger sowie den Kassenbestand am Ende des Tages enthalten.

Unternehmer, die **Arbeitnehmer** beschäftigen, müssen für die **Lohnsteuerberechnung** der Arbeitnehmer Lohn- und Gehaltsabrechnungen vornehmen, es sei denn die Arbeitentgelte übersteigen nicht die Lohnsteuerpauschalierungsgrenzen.

Welche Vorfälle zu den Betriebseinnahmen oder Betriebsausgaben gehören wird später im Rahmen der Gewinnermittlung genauer dargestellt werden.

b) Warenbücher

Gewerbliche Unternehmer müssen den **Wareneingang** und den **Warenausgang** aufgrund der **Abgabenordnung (AO)** gesondert aufzeichnen.

Gesondert aufzeichnen bedeutet, daß der Warenverkehr neben den o.a. allgemeinen Aufzeichnungen für sich nochmals zu erfassen ist. Eine besondere Form, wie Buch oder Kartei, ist nicht vorgeschrieben.

Als **Wareneingang** sind alle Waren, Rohstoffe, unfertigen Erzeugnisse, Hilfsstoffe und Zutaten zu dokumentieren, die der Unternehmer im Rahmen seines Gewerbebetriebes zur Weiterveräußerung oder zum Verbrauch einschließlich deren Be- und Verarbeitung erwirbt. Das gilt sowohl für den entgeltlichen wie für den unentgeltlichen Erwerb. Werden diese Güter für betriebsfremde Zwecke verwendet, so sind sie ebenfalls zu notieren.

Gewerbetreibende müssen den **Warenausgang** erfassen, wenn sie aufgrund der Eigenart ihres Geschäftbetriebes regelmäßig an andere Unternehmer zur Weiterveräußerung oder zum Verbrauch liefern, soweit beim Verkauf dieser Zweck erkennbar ist. Betroffen sind hier vor allem die **Großhändler**. Aufzuzeichnen sind auch alle Waren, die entgeltlich auf Ziel, gegen Tausch (oder unentgeltlich) abgegeben werden, wenn die Ware aufgrund der abgegebenen Menge zu einem Preis veräußert wird, der niedriger ist als der übliche Verbraucherpreis, soweit die gewerbliche Weiterverwendung erkennbar ist.

Die Aufzeichnungen für Wareneingang bzw. Warenausgang müssen enthalten:
- Tag des Wareneingangs/Warenausgangs bzw. Datum der Rechnung
- Name oder Firma und Anschrift des Lieferers/Abnehmers
- handelsübliche Bezeichnung der Ware
- Preis der Ware
- Hinweis auf den Beleg.

2.3.2. Aufzeichnungen nach dem Einkommensteuergesetz

Besondere Aufzeichnungspflichten nach §4 (7) **Einkommensteuergesetz (EStG)** ergeben sich für die folgenden Betriebsausgaben. Diese dürfen nur aufgrund dieses gesonderten einzelnen und getrennten Ausweises bei der Gewinnermittlung berücksichtigt werden:

- Aufwendungen für Geschenke an Personen (nicht Arbeitnehmer) bis 75 DM;
- Aufwendungen für die Bewirtung aus geschäftlichem Anlaß bis 80% der nach Verkehrsauffassung angemessenen Kosten (Nachweis ist erforderlich);
- Aufwendungen für Einrichtungen der Bewirtung, Beherbergung oder Unterhaltung von Personen (nicht Arbeitnehmern), wenn die Einrichtung in einem anderen Ort als das Unternehmen liegt;
- Aufwendungen für Verpflegung, soweit sie nicht 140% der höchsten Tagesgeldbeträge nach dem Bundesreisekostengesetz übersteigen.
- Aufwendungen für Fahrten zwischen Wohnung und Arbeitsstätte sowie für Familienheimfahrten, die die Höhe entsprechender Werbungskosten für Arbeitnehmer nicht übersteigen - diese müssen jedoch nicht gesondert ausgewiesen werden;
- andere Kosten, die die Lebenshaltung berühren, soweit sie nach allgemeiner Verkehrsauffassung nicht als unangemessen anzusehen sind.

Wirtschaftsgüter des nicht abnutzbaren Anlagevermögens - die Beschreibung erfolgt im Abschnitt II - sind in laufend zu führende Verzeichnisse zu übernehmen, damit bei einer späteren Entnahme bzw. einem späteren Verkauf die Anschaffungs- oder Herstellungskosten festgestellt werden können.

Aufzuführen sind:
- Datum der Anschaffung oder Herstellung,
- Anschaffungs- oder Herstellungskosten
- oder die an deren Stelle getretenen Werte.

Güter, die im Unternehmen als **Geringwertige Wirtschaftsgüter** (GWG) behandelt werden sollen, müssen ebenfalls in einem laufend geführten Verzeichnis erfaßt werden.

Diese GWG können schon im ersten Jahr der Nutzung als Betriebsausgaben abgesetzt werden. Eine nähere Beschreibung erfolgt im nächsten Abschnitt.

GWG sind abnutzbare bewegliche Gegenstände oder Software, die einer selbständigen Nutzung fähig sind, und deren Anschaffungskosten bzw. Herstellungskosten - ohne Umsatzsteuer - 800 DM nicht übersteigen.

2.3.3. Aufzeichnungen nach dem Umsatzsteuergesetz

Aufzeichnungen nach dem **Umsatzsteuergesetz (UStG)** haben die Unternehmer vorzunehmen, die entsprechende umsatzsteuerbare und umsatzsteuerpflichtige Umsätze tätigen.

Um den recht komplexen Sachverhalt des Gesetzes möglichst übergreifend darzustellen, werden im Folgenden vereinfachende Übersichten genutzt.

Man geht davon aus, daß Menschen und Kapital auf jeder Stufe des Warenwegs "mehr Wert" schaffen. Der **Mehrwert** je Stufe kommt im Unterschied zwischen Einkaufspreis und Verkaufspreis der Ware zum Ausdruck. Diese Wertschöpfung wird effektiv versteuert. Der Unternehmer führt als Umsatzsteuer nur die eigentliche **Zahllast** von seiner eigenen Mehrwertschöpfung an das Finanzamt ab. Letztendlich hat aber **der Endverbraucher** der Ware die Umsatzsteuer durch die In-Rechnung-Stellung auf den Warennettopreis zu tragen. Der allverbreitete Name "**Mehrwertsteuer**" weist auf diese besondere Art der Besteuerung hin.

2.3.3.1. Umsatzsteuerbare und umsatzsteuerpflichtige Umsätze

Zuerst ist zu untersuchen, ob die dem Markt erbrachten Leistungen überhaupt unter das Umsatzsteuergesetz fallen. Man bezeichnet diese Leistungen als **(umsatz—)steuerbare Umsätze**. Dazu müssen diese Umsätze bestimmte Kriterien erfüllen:

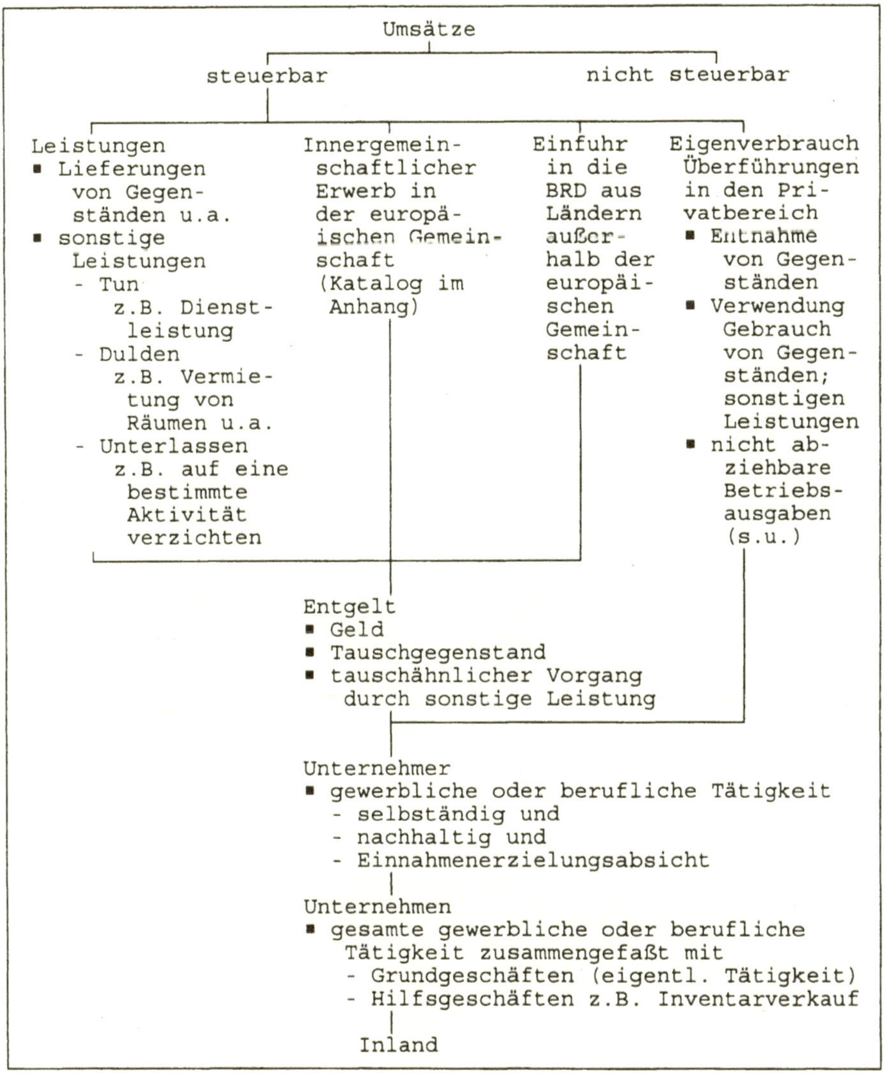

Der Begriff "**berufliche Tätigkeit**" ist nach dem Umsatzsteuergesetz weiter gefaßt als nach den einkommensteuerlichen Einkünften. Neben der Land- und Forstwirtschaft, der sonstigen selbständigen Tätigkeit (am Anfang beschrieben) gehören hier auch die Vermietung und Verpachtung, der Kapitalverkehr usw. dazu, soweit die anderen o.a. Tatbestände erfüllt werden.

Außerdem reicht umsatzsteuerlich schon die Absicht Einnahmen zu erzielen als Merkmal aus, während der einkommensteuerliche Steuertatbestand die Gewinnerzielungsabsicht ist.

Sind die Umsätze der Unternehmung steuerbar, dann ist zu überprüfen, ob sie nicht von der Umsatzsteuer befreit sind - **(umsatz-)steuerpflichtige Umsätze**. Steuerfreie Umsätze sind im Katalog § 4 UStG aufgeführt. Nur bei steuerpflichtigen Umsätzen sind die folgenden Kriterien zu beachten:

steuerbare Umsätze

steuerpflichtige Umsätze

Verzicht auf Steuererhebung bei Kleinunternehmern, wenn der Umsatz einschließlich der entfallenden USt im Vorjahr 20.000 DM und im laufenden Jahr voraussichtlich 100.000 DM nicht übersteigen

Bemessungsgrundlage (Wert, auf den Steuer berechnet wird)

- vereinbarte Entgelte bei Leistungen
- Teilwert bei Entnahmeeigenverbrauch; Aufwendungen bei Verwendungseigenverbrauch (siehe Betriebsausgaben)
- Zollwert bei Einfuhr

steuerfreie Umsätze (§4 UStG)

z.B.
- Ausfuhrlieferungen
- Lohnveredlungen an Ausfuhrgegenständen
- grenzüberschreitende Beförderungen
- Seeschiff-/Luftfahrt
- Geld- und Kapitalverkehr
- grunderwerbsteuerpflichtige Vorgänge
- versicherungssteuerpflichtige Vorgänge
- Tätigkeit als Bausparkassen, Versicherungsvertreter o. Versicherungsmakler
- Vermietung/Verpachtung von Grundstükken und Gebäuden (nicht: Hotels, Pensionen u.ä.)
- Tätigkeit als Arzt, Zahnarzt, Heilpraktiker, Krankengymnast
- ehrenamtliche Tätigkeit bei Personen des öffentl. Rechts bei Auslagenersatz
- entsprechdende Eigenverbräuche

allgemeiner Steuersatz
z.Z. 15% auf die o.a. Bemessungsgrundlage

ermäßigter Steuersatz
- z.Z. 7% nach Katalog für Lebensmittel

(nicht: Kaviar u.a.) und Getränke; Kulturgüter (Theater, Zeitungen u.a.); u.a.
- Durchschnittsätze für Land- und Forstwirte

Auf bestimmte Steuerbefreiungen (Geld- und Kapitalverkehr; grunderwerbsteuerpflichtige Vorgänge; Vermietung und Verpachtung von Grundstücken und Gebäuden außer Hotels, Pensionen u.ä.) sowie auf den Verzicht der Umsatzsteuererhebung als Kleinunternehmer kann der Unternehmer durch **Option** verzichten, um den im nächsten Abschnitt beschriebenen **Vorsteuerabzug** geltend machen zu können.

2.3.3.2. Rechnungserteilung und Vorsteuerabzug

Ein Unternehmer, der eine steuerpflichtige Leistung erbringt, muß auf Verlangen eines **empfangenden Unternehmers** eine **Rechnung** mit einer **gesondert ausgewiesenen Umsatzsteuer** ausstellen. Leistet er dagegen an Privatpersonen, kann er die Umsatzsteuer gesondert ausweisen, muß es aber nicht.

Erhält der Unternehmer für eine noch zu erbringende Leistung eine **Anzahlung**, **Abschlagszahlung** oder **Vorauszahlung** von einem Unternehmer, so ist er ebenfalls verpflichtet, bei einem Wert ab 10.000 DM die Umsatzsteuer gesondert auszuweisen. Bei kleineren Beträgen kann er die Umsatzsteuer ausweisen, er muß sie jedoch dann auch mit Ablauf des **Voranmeldungszeitraumes** (siehe dort) an das Finanzamt abführen.

Eine **Rechnung** hat grundsätzlich folgenden Angaben zu enthalten:
- Name und Anschrift des leistenden Unternehmers;
- Name und Anschrift des Leistungsempfängers oder Lieferungsabnehmers;
- Menge und handelsübliche Bezeichnung der Lieferung oder Art und Umfang der Leistung;
- Tag der Leistung;
- Entgelt;
- Steuerbetrag;
- USt-Identifikationsnummern vom Verkäufer und Käufer bei innergemeinschaftlichen Umsätzen in der europäischen Gemeinschaft.

Aus praktischen Erwägungen kann der Unternehmer bei sogenannten **Kleinbetragsrechnungen** bis 200 DM einige Angaben unterlassen. Erforderlich sind:

- Name und Anschrift des leistenden Unternehmers;
- Menge und handelsübliche Bezeichnung der Lieferung oder Art und Umfang der Leistung;
- Entgelt und Steuer in einer Summe;
- Steuersatz (eventuell als fester Formularaufdruck);
- USt-Identifikationsnummern vom Verkäufer und Käufer bei innergemeinschaftlichen Umsätzen in der europäischen Gemeinschaft.

Wird Umsatzsteuer **unberechtigt** gesondert in Rechnung gestellt, so ist dieser Betrag an das Finanzamt abzuführen! Eine Berichtigung ist nicht möglich.
Ein **unrichtiger** höherer Steuerausweis kann korrigiert werden, wenn dieses dem Leistungsempfänger schriftlich mitgeteilt wird. Ansonsten schuldet der Unternehmer dem Finanzamt den unrichtigen Betrag.

Der Unternehmer, der eine Rechnung mit in Rechnung gestellter Umsatzsteuer oder einen adäquaten Zahlungsbeleg erhält, kann diese Umsatzsteuer als **Vorsteuer** bei der Abrechnung mit dem Finanzamt am Ende des **Voranmeldungszeitraumes** (siehe dort) von der Umsatzsteuer, die entstanden ist, abziehen. Er überweist so nur die **Umsatzsteuerzahllast** als effektive Steuer auf den oben beschriebenen Mehrwert.
Die Möglichkeit des Vorsteuerabzuges haben jedoch nur Unternehmer, die **steuerpflichtige Umsätze** tätigen. Eine Ausnahme zum Vorsteuerabzug bei steuerfreien Umsätzen besteht nur bei den **Exportgeschäften**.

2.3.3.3. Aufzeichnungspflichten

Der Unternehmer ist verpflichtet, zur Feststellung der Steuer und der Grundlagen ihrer Berechnung Aufzeichnungen zu machen. Für ausgehende Leistungen müssen diese Aufzeichnungen folgende Angaben enthalten:

- die Entgelte getrennt nach steuerpflichtigen und steuerfreien Umsätzen sowie nach Steuersätzen;
- die Entgelte aufgrund von Anzahlungen, Abschlagszahlungen oder Vorauszahlungen;

- die Bemessungsgrundlagen für Leistungen an Arbeitnehmer und deren Angehörige,
- die Bemessungsgrundlagen für unentgeltliche Leistungen an Gesellschafter;
- die Bemessungsgrundlagen für den Eigenverbrauch.

Für ausgehende Leistungen müssen diese Aufzeichnungen folgende Angaben enthalten
- die Nettoentgelte für steuerpflichtige Leistungen an das Unternehmen sowie die darauf entfallene Vorsteuer;
- die Entgelte aufgrund von Anzahlungen, Abschlagszahlungen oder Vorauszahlungen sowie die darauf entfallene Vorsteuer;
- die Bemessungsgrundlagen für eingeführte Gegenstände und die Einfuhrumsatzsteuer

Zur Angabe der Identifikationsnummer des Abnehmers in den Rechnungen muß diese Nummer des Kunden bzw des Lieferanten also ebenfalls aufgezeichnet werden
In Deutschland haben Anspruch auf die Erteilung einer Umsatzsteuer-Identifikationsnummer (USt-IdNr - mit "DE", es folgen dann weitere neun Stellen) beim Bundesamt für Finanzen alle deutschen Unternehmer, die zum Vorsteuerabzug berechtigt sind

2.3.3.4. Durchführung der Besteuerung

Die Umsatzsteuer entsteht grundsätzlich mit dem Ablauf des Kalendermonats (**Voranmeldungszeitraum**), in dem die Leistung ausgeführt wurde oder der Eigenverbrauch getätigt wurde Es handelt sich hierbei um eine Versteuerung nach **vereinbarten Entgelten**
Wird das Entgelt vor der Leistung gezahlt (Anzahlung, Abschlagszahlung oder Vorauszahlung), so entsteht die Steuer mit dem Voranmeldungszeitraum der Zahlung, des **vereinnahmten Entgeltes**, soweit der Wert 10 000 DM und mehr beträgt oder die Umsatzsteuer in der Rechnung (siehe dort) gesondert ausgewiesen wurde

Auf Antrag kann das Finanzamt hiervon abweichend eine Abrechnung nach tatsächlich vereinnahmten Entgelten erlauben. Das heißt, daß die Umsatzsteuer der Leistung erst bei der Bezahlung durch den

Kunden fällig wird und auch für den Voranmeldungszeitraum der Zahlung anzumelden ist. (Die Genehmigung kann sich auf Betriebsteile beziehen.)
Diese Möglichkeit besteht allerdings nur bei **Freiberuflern** - oder wenn jemand im Einzelfall von der Buchführung durch die Finanzverwaltung befreit ist. Sonstige Unternehmer können diese Vereinfachung in Anspruch nehmen, wenn die Gesamtumsätze (vereinfacht; steuerpflichtige Umsätze und Exportleistungen sowie hier vorgestellte sonstige steuerfreie Umsätze als Grundgeschäfte - s.o.) im vorangegangenen Kalenderjahr 250.000 DM nicht übersteigen.
Eine Versteuerung nach vereinbarten Entgelten ist - wie bei der Erfassungstechnik beschrieben - weitaus komplizierter, als eine Versteuerung nach vereinnahmten Entgelten. Soweit möglich sollte also letztere beantragt werden!

Der Unternehmer hat binnen zehn Tagen nach Ablauf jedes Kalendermonats eine **Steuervoranmeldung** beim Finanzamt abzugeben mit Angabe der steuerbaren und steuerpflichtigen vereinbarten bzw. vereinnahmten Umsätze, der darauf entfallenden Steuern, der Vorsteuer sowie der ermittelten **Umsatzsteuerzahllast** bzw. dem ermittelten **Vorsteuerüberhang**.

Handelt es sich um eine Umsatzsteuerzahllast von nicht mehr als 6.000 DM im Vorjahr, so kann sich der Voranmeldungszeitraum auf ein Vierteljahr verlängern. Beträgt die Zahllast im vergangenen Kalenderjahr nicht mehr als 600 DM, kann das Finanzamt den Unternehmer von der Abgabe der Voranmeldungen befreien.

In jedem Fall ist aber mit der Voranmeldung eine entsprechende **Vorauszahlung** auf die Jahressteuerschuld zu leisten.

(Die Frist der Abgabe der Steuervoranmeldungen kann auf Antrag bei Zahlung einer Sondervorauszahlung um einen Monat verlängert werden.)

Soweit in einem vierteljährlichen Zeitraum steuerfreie innergemeinschaftliche Umsätze getätigt wurden, muß dem Bundesamt für Finanzen über das Finanzamt eine "Zusammenfassende Meldung" der Umsätze mit Identifikationsnummern der Erwerber und die Summe der Bemessungsgrundlagen abgegeben werden.

Nach Ablauf des Kalenderjahres (Besteuerungszeitraum) ist dann eine **Steuererklärung** beim Finanzamt einzureichen. Daraufhin wird die Umsatzsteuer als Jahressteuerschuld ermittelt und falls Vorauszahlungen geleistet wurden, mit diesen verrechnet.

3. Zusammenfassende Darstellung der Aufzeichnungen

Aufzeichnungen oder entsprechende Belegsammlungen	
Allgemeine (nichtsteuerliche) Aufzeichnungen	**Steuerliche Aufzeichnungen**
Branchentypische Aufzeichnungen nach verschiedensten Gesetzen und Verordnungen wie für Apotheker, Bauträger, Fahrschulen, Gebrauchtwagenhändler, Handelsmakler u.a. zu erfragen bei den jeweiligen Unternehmensinteressenverbänden bzw. bei der Industrie- und Handelskammer oder Handwerkskammer	wenn **Branchentypische Aufzeichnungen** nach verschiedensten Gesetzen und Verordnungen dann auch nach dem Steuerrecht **Kasseneinnahmen** und **Kassenausgaben** (täglich) **Spezielle Aufzeichnungen** aufgrund von Einzelvorschriften z.B. für Verbrauchssteuern (Biersteuer, Mineralölsteuer, Branntweinsteuer) **Betriebseinnahmen** und **Betriebsausgaben** **Lohnsteuerberechnungen** bei Beschäftigung von Arbeitnehmern **Wareneingänge** bei gewerblichen Unternehmern **Warenausgänge** bei gewerblichen Unternehmern mit regelmäßigem Verkauf an Wiederverkäufer **Umsatzsteuerliche** Entgelte (einschl. Anzahlungen u.a.) getrennt nach steuerpflichtigen und steuerfreien Umsätzen sowie nach Steuersätzen; Bemessungsgrundlagen für Leistungen an Arbeitnehmer, Gesellschafter sowie für Eigenverbrauch;

Allgemeine (nichtsteuerliche) Aufzeichnungen	**Steuerliche Aufzeichnungen**
	Nettoentgelte für empfangene Leistungen (einschl. Anzahlungen u.a.) und Vorsteuer; Werte eingeführter Güter und Einfuhrumsatzsteuer **Besondere Ausgaben** (hier nur Aufzählung) für Geschenke, Bewirtung, Beherbergung/Unterhaltung, Verpflegung, Fahrten zwischen Wohnung und Arbeitsstätte, Familienheimfahrten, bestimmmte Ausgaben soweit nicht Lebenshaltungskosten Anschaffung von **Gütern** des **nicht abnutzbaren Anlagevermögens** **Geringwertige Wirtschaftgüter**

II. Gewinnermittlung nach § 4(3) EStG

1. Gewinn und Gewinnermittlung

Eine wesentliche Basis für die Einkommensbesteuerung nach dem **Einkommensteuergesetz**, aber auch für die Besteuerung von Gewerbebetrieben nach dem Gewerbesteuergesetz ist der **Gewinn**.

Gewinne als Einkünfte nach dem Einkommensteuergesetz versteuern müssen die **Land- und Forstwirte**, die **Gewerbetreibenden** und die Steuerpflichtigen mit **selbständiger Arbeit** (insbesondere **freiberuflicher** Tätigkeit) als natürliche Personen. Personen mit diesen Einkunftsarten wurden zu Beginn unter dem Begriff "Unternehmer-Typen" erläutert. (Juristische Personen - Aktiengesellschaften, GmbHs, Erwerbs- und Wirtschaftsgenossenschaften u.a. - ermitteln ebenfalls den Gewinn als Besteuerungsgrundlage nach dem Körperschaftssteuergesetz, wobei dieser Gewinn aber grundsätzlich ebenfalls nach den Bestimmungen des Einkommensteuergesetzes ermittelt wird.)

Das Gesetz sieht zwei **Gewinnermittlungsarten** vor:

- Gewinnermittlung für Buchführende, mit speziellen Vorschriften für Gewerbetreibende;
- Gewinnermittlung für Nicht-Buchführende.

a) Gewinnermittlung für Buchführende

Nur der Vollständigkeit halber sei hier diese Gewinnermittlung kurz vorgestellt.

Wenn die o.a. Unternehmer buchführungspflichtig sind oder freiwillig eine Buchführung erstellen, haben sie den Gewinn nach dem **Vermögensvergleich** zu ermitteln.

Gewinn ist der Unterschiedsbetrag zwischen dem **Betriebsvermögen** am Ende des Wirtschaftsjahres und dem Betriebsvermögen am Ende des vorangegangenen Wirtschaftsjahres, vermehrt um den Wert von privaten Entnahmen bzw. vermindert um den Wert privater Einlagen.
Unter Betriebsvermögen ist hier der Wert aller unternehmerischer Vermögensgegenstände und Rechte (**Rohvermögen**) abzüglich der Unterneh-

mensschulden zu verstehen Bei der Gewinnermittlung wird also das Betriebsvermögen als **Reinvermögen** zugrunde gelegt unter dem Aspekt der unternehmerischen Mittelverwendung

Die gleiche Rechnung läßt sich aber auch über die Mittelherkunft (**Kapitalseite**) durchführen Das Rohvermögen ist mit dem gesamten, dem Unternehmen zur Verfügung gestellten Kapital (**Gesamtkapital**) finanziert worden Zieht man von diesem Gesamtkapital die fremden Mittel (**Fremdkapitalien** oder Schulden) ab, so bleibt das mit eigenen unternehmerischen Mitteln - **Eigenkapital** - finanzierte Vermögen übrig

Dieser Kapitalvergleich ist die Grundlage der Buchführung Er erfolgt - allerdings nicht zur Ermittlung des Gewinns, sondern zur Feststellung des Kapitalwertes am Periodenende - auf dem Eigenkapitalkonto Der Gewinn wird in einer "Nebenrechnung" direkt über die Erfolgskonten mit ihren Wertverzehren (**Aufwendungen**) und Wertzuwächsen (**Erträgen**) erfaßt

Gewerbetreibende mit Buchführung - egal, ob sie erstellt werden muß oder freiwillig erfolgt - ermitteln den Gewinn ebenfalls nach diesem Vermögensvergleich Jedoch kommt bei ihnen erschwerend hinzu, daß sie, soweit das Steuerrecht keine Aussagen zu einem Sachverhalt macht oder eine Wahlmöglichkeit zuläßt, die handelsrechtlichen Vorschriften für die Buchführung steuerlich mitbeachten müssen (**Maßgeblichkeit der Handelsbilanz für die Steuerbilanz**)

b) Gewinnermittlung für Nicht-Buchführende nach § 4(3) EStG

Diese Gewinnermittlung ist Schwerpunkt der weiteren Abhandlungen!

Die Unternehmer, die nicht buchführungspflichtig sind - im ersten Abschnitt beschrieben -, und die auch freiwillig keine Buchführung erstellen, können dagegen den Gewinn nach der **Einnahmen-Überschuß-Rechnung** (§ 4(3) EStG) ermitteln

Gewinn ist hier der Überschuß der **Betriebseinnahmen** über die **Betriebsausgaben**

Diese Gewinnermittlung kommt also in Betracht für die **Kleingewerbetreibenden** und **Land- und Forstwirte** sowie für die Angehörigen der **freien Berufe** bzw sonstiger selbständiger Arbeit

Der Rechnung liegt zugrunde, daß sich alle unternehmerischen Vorgänge irgendwann als Zahlungsvorgänge - als **Einzahlungen** oder **Auszahlungen** - auswirken und so das Betriebsvermögen verändern. Auf die gesamte Unternehmensdauer betrachtet entsteht also der gleiche Gewinn wie beim Vermögensvergleich. Dadurch können bei kleineren Betriebsvermögen - wie bei den eben genannten Unternehmen - eine Bestandsführung durch die Buchführung mit Kapitalvergleich sowie jährliche Bestandsaufnahmen unterbleiben.

Bei der Berechnung des Überschusses aus den Betriebseinnahmen und Betriebsausgaben handelt es sich aber nicht um eine reine Kassen- oder Zahlungsrechnung, wie in den folgenden Kapiteln noch näher zu erläutern sein wird.
Abhängig ist die Berechnungsart in der Hauptsache davon, mit welcher Art des Betriebsvermögens die Betriebseinnahmen und Betriebsausgaben zusammenhängen. Sind die in Frage kommenden Güter von ihrer Art her dazu bestimmt, dauerhaft der Unternehmung als Gebrauchsgüter zu dienen, das heißt, über einen längeren Zeitraum - z.B. Grundstücke, Gebäude, Maschinen, Geschäftseinrichtung, Kfz - dann gehören sie zum **Anlagevermögen**.
Nicht abnutzbares Anlagevermögen sind Güter, deren Nutzung im Unternehmen nicht zeitlich begrenzt ist, das heißt, daß sie über den Nutzungszeitraum keinem planmäßigen Wertverlust durch die Nutzung unterliegen (Grundstücke, Beteiligungen, Wertpapiere u.a.).
Liegt aber aufgrund der Nutzung eine Abnutzung der Güter vor, so handelt es sich um **abnutzbares Anlagevermögen** (Gebäude, Maschinen, Geschäftseinrichtung, Kfz, u.a.)
Sind sie dagegen, z.B. als Verbrauchsgüter, dazu bestimmt, dem Unternehmen nur kurzfristig zu dienen - z.B. Rohstoffe, Hilfsstoffe, Waren, Erzeugnisse, Kundenforderungen, Bank- und Postbankguthaben, Kassenbestände -, dann gehören sie zu **Umlaufvermögen**.

(Wie schon im Rahmen der Aufzeichnungspflichten erläutert, können Betriebseinnahmen und Betriebsausgaben dokumentiert oder als Belegsammlungen zusammengestellt werden.)

Verluste bei höheren Betriebsausgaben als Betriebseinnahmen mindern - soweit vorhanden - Einkünfte aus anderen Einkunftsarten. Anderfalls führen sie zu einem negativen Gesamtbetrag der Einkünfte mit den möglichen Steuererleichterungen.

Verluste sind immer dann berücksichtigungsfähig, wenn die Absicht vorliegt, langfristig Gewinne zu erzielen. Über die gesamte Tätigkeitsdauer muß per Saldo ein Gewinn beabsichtigt sein. Ansonsten sind die Verluste als Folge einer "Liebhaberei" steuerlich nicht relevant.

2. Betriebseinnahmen

Unter "**Betriebseinnahmen**" sind grundsätzlich alle Wertzugänge (**Entgelte**) zu verstehen, die dem Unternehmen aufgrund seiner Leistungserbringung am Markt entstehen. Es kann sich dabei um Geld - (**Ein**-)**Zahlungen** - oder "Geldeswert" - Güter oder Leistungen - handeln.

Zu erfassen sind sie in der Regel in dem Wirtschaftsjahr, in dem sie **zugeflossen** sind. **Regelmäßig wiederkehrende Betriebseinnahmen** (z.B. Zinsen), die kurz vor Beginn oder nach Ende des Kalenderjahres zufließen, müssen dem Kalenderjahr zugerechnet werden, zu dem sie wirtschaftlich gehören.

2.1. Betriebseinnahmen aufgrund von Zahlungsvorgängen

Bei dieser Art der Betriebseinnahmen handelt es sich meistens um die Gelderlöse aus dem Verkauf von Gegenständen (Lieferungen) und aus der Erbringung von sonstigen Leistungen.
Zu den Betriebseinnahmen zählen auch die Erlöse, die als Renten gezahlt werden.

Diese Betriebeinnahmen sind dadurch gekennzeichnet, daß sie in Zusammenhang mit der Entgegennahme eines Schecks, der Einlösung eines Wechsels, einer Überweisungsgutschrift auf den Bank- oder Postbankkonten stehen oder den Barbestand an Geldmitteln erhöhen.

Diese Mehrungen werden hervorgerufen insbesondere durch:
- Umsatzerlöse aus dem Produktverkauf
- Umsatzerlöse aus Warenverkauf
- Umsatzerlöse aus sonstigen Leistungen
- Nebenerlöse aus dem Verkauf der Abfallverwertung
- Nebenerlöse aus dem Verkauf von Energie
- Nebenerlöse aus Vermietung und Verpachtung
- Erlöse aus Provisionen

- Erlöse aus Lizenzen
- Empfangene Schadensersatzleistungen
- Rückerstattungen betrieblicher Steuern
- Sonstige Rückerstattungen
- Erlöse aus Beteiligungen an anderen Unternehmen
- Erlöse aus Wertpapieren einschl. Verkauf von Spekulationspapieren
- Zins- und Diskontgutschriften aus Geld- und Bankgeschäften
- Außerordentliche Erlöse

2.2. Betriebseinnahmen in Verbindung mit Abgängen des Anlagevermögens

Zu den Betriebseinnahmen gehören auch die Erlöse aus dem Verkauf von Gütern des **nicht abnutzbaren** und **abnutzbaren Anlagevermögens**, wie z.B. der Erlös beim Verkauf einer Maschine, eines Pkw, eines Grundstücks, eines Patentes, von Software als Nicht-Software-Hersteller, von Beteiligungen oder von Anlagewertpapieren.

Diese Güter waren dazu bestimmt, dem Unternehmen voraussichtlich langfristig als Gebrauchsgüter zu dienen. Durch den Verkauf entsteht aber möglicherweise eine zusätzliche Wertschöpfung gegenüber den vorherigen **Betriebsausgaben** (siehe dort) im Zusammenhang mit diesen Gütern.

2.3. Betriebseinnahmen aufgrund sonstiger Sachverhalte

Weitere Betriebseinnahmen ergeben sich insbesondere durch Wertzugänge in Form von "**Geldeswert**" oder durch eine entsprechende Rechtsprechung bei den folgenden Sachverhalten:

Zahlt der Kunde z.B. mit einer guten Flasche Wein, so ist eine Beriebseinnahme in Höhe des üblichen Endpreises zu berücksichtigen.

Werden Leistungen zwischen zwei Unternehmen **ausgetauscht**, so liegt in Höhe der üblichen Endpreise eine Betriebseinnahme, jedoch z.B. bei Waren auch eine **Betriebsausgabe** vor. (Beim Tausch von Anlagevermögen wird die Betriebsausgabe - wie später erläutert - anders erfaßt.)

Wird eine Forderung dem Kunden aus betrieblichen Gründen **erlassen** (z.B. aufgrund eines Vergleiches), so liegt zwar eine Betriebseinnahme vor, gleichzeitig aber auch eine **Betriebsausgabe**.

Weitere Betriebseinnahmen liegen vor:

- bei einer Leistung gegen Spendenquittung an eine gemeinnützige Institution;
- bei Erhalt von öffentlichen Zuschüssen;
- bei Erhalt von geldwerten Vorteilen (z.B.: Oberbürgermeister - Einkünfte aus selbständiger Arbeit - erhält Fahrzeug zur Ausübung seines Bundestagsmandates);
- bei Erhalt von Versicherungsleistungen;
- bei Erlaß einer Schuld gegen den Unternehmer, soweit nicht aus privaten Günden;
- bei Einnahmen aus Nebentätigkeiten, z.B. Gutachterhonorare, Prüfungsmitwirkungen;
- bei Entschädigungen und Abfindungen;
- bei Erstattung von Betriebsausgaben.

Entnimmt der Unternehmer Güter in sein Privatvermögen, oder nutzt er privat eine seiner unternehmerischen Leistungen, so liegt ebenfalls eine Einnahme vor. Im ersten Fall handelt es sich um den schon bekannten **Entnahmeeigenverbrauch**, im zweiten um einen **Verwendungseigenverbrauch** (Umsatzsteuer!).
Entnahmen von **Bargeld** werden aufgrund der Eigenart dieser Abrechnung nicht erfaßt. Entnommene Geldbeträge sind beim Zufluß als Betriebseinnahmen erfaßt, der Abfluß ist keine Betriebsausgabe. Einlagen von **Bargeld** werden nicht berücksichtigt, weil sie nicht betrieblich erfolgt sind.
Bei einem Entnahmeeigenverbrauch ist als Wert der Entnahme der **Teilwert** anzusetzen. Dieser Teilwert ist gleichzeitig die Bemessungsgrundlage für die Umsatzsteuer. (Nur bei der Entnahme von umsatzsteuerfreien Gütern entfällt die Umsatzsteuer - siehe im Abschnitt I!) Teilwert ist der Betrag, den ein Erwerber des gesamten Unternehmens im Rahmen des Gesamtkaufpreises für das einzelne Wirtschaftsgut bei Unternehmensfortführung zahlen würde. Es handelt sich hier um einen geschätzten Wert, denn das Unternehmen wird ja nicht wirklich verkauft. Auf diese Weise soll ein Mehrwert des Gutes durch die Einbindung in das Unternehmensgeschehen gegenüber dem Einzelveräußerungspreis versteuert werden. Je nach Bedeutung des Gutes im Betriebszusammenhang wird dieser Wert über dem Einzelveräußerungswert liegen oder aber dem Einzelveräußerungspreis - im Extremfall als Schrottwert - entsprechen.

Verwendungseigenverbräuche sind mit den **anteiligen Betriebsausgaben** - in der Regel prozentual auf Basis der privaten Nutzung berechnet - zu berücksichtigen. Diese sind auch Bemessungsgrundlage für die Umsatzsteuer, soweit es sich nicht um umsatzsteuerfreie Verwendungen handelt. (Die private Nutzung eines betrieblichen Pkw muß bei fehlendem Nachweis der Nutzung je nach Branche mit 30% bis 35% bewertet werden. In dieser Höhe werden Kfz-Kosten, Steuer, Versicherung und Abschreibung (siehe dort) als Verwendungseigenverbrauch - und damit als Betriebseinnahmen - zugrunde gelegt.)

Eine Betriebseinnahme steht immer im **sachlichen Zusammenhang** mit dem Unternehmen. Dieser Zusammenhang muß nicht direkt erkennbar sein. So wäre eine mit einer Preisverleihung verbundene Geldzuwendung an einen Schriftsteller für ein Buch dann eine Betriebseinnahme, wenn die Auszeichnung des Buches und nicht die Persönlichkeit des Schriftstellers im Vordergrund der Verleihung stände.

Wird ein Wirtschaftsgut aus betrieblichen Gründen **unentgeltlich** überlassen oder eine sonstige Leistung unentgeltlich erbracht, so liegt keine Betriebseinnahme vor.

2.4. Umsatzsteuer und Vorsteuerrückerstattung

Die **Umsatzsteuer** aufgrund der erbrachten Leistung ist ebenfalls als **Betriebseinnahme** zu erfassen. Dokumentiert werden müssen im Rahmen der Gewinnermittlung damit die **Bruttoeinnahmen** einschließlich der Umsatzsteuer.
Die Umsatzsteuer aufgrund des Eigenverbrauchs kann ebenfalls als Betriebseinnahme angesetzt werden. Ist sie nicht als Betriebseinnahme aufgeführt, darf sie als gewinneutrale Steuer auch bei Überweisung der Zahllast nicht als Betriebsausgabe berücksichtigt werden.

Eine **Vorsteuerrückerstattung** (**Vorsteuerüberhang**) ist ebenfalls als Betriebseinnahme zu berücksichtigen. Es handelt sich auch hierbei um einen Mittelzufluß.

Eine Neutralisierung ergibt sich dadurch, daß die **Vorsteuer Betriebsausgabe** ist, ebenso wie die an das Finanzamt abzuführende **Zahllast** am jeweiligen Periodenende. (Umsatzsteuer, Vorsteuer und Zahllast wurden im Abschnitt "Aufzeichnungen" erläutert.)

2.5. Zusammenfassende Darstellung der Betriebseinnahmen

Betriebseinnahmen		
Grundsätzliche Zahlungsvorgänge	**Anlagevermögen**	**Sonstige**
Umsatzsteuer	Umsatzsteuer	Umsatzsteuer
Umsatzerlöse aus Produktverkauf Warenverkauf sonst. Leistungen Nebenerlöse aus Abfallverwertung Energieverkauf Vermietung Verpachtung Erlöse aus Provisionen, Lizenzen Empfangene Schadensersatzleistungen Rückerstattungen betrieblicher Steuern Sonstige Rückerstattungen Erlöse aus Beteiligungen Wertpapieren sowie Verkauf von Spekulationswertpapieren Zins- und Diskontgutschriften aus Geld- und Bankgeschäften Außerordentl. Erlöse Vorsteuerrückerstattung	Erlöse aus dem Verkauf von Gütern des nicht abnutzbaren und abnutzbaren Anlagevermögens, wie z.B. Verkaufserlöse aus dem Verkauf von Patenten Software (nicht Hersteller) sonstigen immateriellen Güter Grundstücken Gebäuden Maschinen und technische Anlagen Werkstätteneinrichtungen Werkzeugen Lager- und Transporteinrichtungen Fuhrpark Büro- und Geschäftsausstattungen Beteiligungen Anlagewertpapieren	Zahlung mit Sachgütern Tausch - gleichzeitig Betriebsausgabe Forderungserlaß - gleichzeitig Betriebsausgabe Leistung gegen Spendenquittung Öffentliche Zuschüsse Geldwerte Vorteile Versicherungsleistung Erlaß einer Schuld Einnahmen aus Nebentätigkeiten z.B. Gutachterhonorare Prüfungen Entschädigungen und Abfindungen; Erstattung von Betriebsausgaben Privatentnahmen Entnahmeeigenverbrauch Verwendungseigenverbrauch

3. Betriebsausgaben

Betriebsausgaben sind alle **Aufwendungen**, die durch das Unternehmen veranlaßt wurden. Grundsätzlich fallen hierunter alle Wertabgänge, die dem Unternehmen im Zusammenhang mit seiner Leistungserbringung am Markt entstehen. Es kann sich dabei um Geld - (**Aus-**)**Zahlungen** - oder "Geldeswert" - Güter oder Leistungen - handeln.

Betriebsausgaben sind nicht unbedingt dadurch gekennzeichnet, daß sie objektiv für den Betrieb notwendig sind. Es reicht aus, daß der Unternehmer subjektiv glaubt, die Aufwendung sei im Interesse des Unternehmens. Letztlich entscheidet also der Inhaber über die Notwendigkeit von Ausgaben und nicht die Finanzverwaltung, soweit diese nicht den Bereich der **Lebensführung** tangieren.
So ist es z.B. die Entscheidung des Unternehmers, für eine Geschäftsreise das Flugzeug - verbunden mit höheren Kosten - anstelle des Autos zu wählen. Eine Krankentagegeldversicherung gehört dagegen in den Privatbereich, auch wenn geplant ist, die Versicherungsleistungen als Betriebseinnahmen anzusetzen.
Betriebsausgaben können auch dann berücksichtigt werden, wenn sie nicht unmittelbar zu einem Geschäftserfolg führen. Jedoch sollten sie besser irgendwann erkennbar den Erfolg positiv beeinflussen, denn unwirtschaftliche Gewinnminderungen werden in Grenzfällen eher dem Bereich der Lebenshaltung zugerechnet.
Betriebsausgaben in Verbindung mit der Anschaffung von Gütern müssen jedoch objektiv durch das Unternehmen veranlaßt sein. Hier ist die Einbindungsmöglichkeit des Gutes im Einzelfall nachzuweisen. Es muß erkennbar sein, daß die Anschaffung nicht aus privaten Interessen erfolgte.

Betriebsausgaben können als **vorweggenommene** vor der eigentlichen Betriebstätigkeit oder als **nachträgliche** nach Beendigung der Tätigkeit entstehen. Z.B. sind vorweggenommene Ausgaben Werbekosten zum Start der Unternehmung, nachträgliche sind Zinsen für noch bestehende Verbindlichkeiten.

Zu erfassen sind Ausgaben in der Regel in dem Wirtschaftsjahr, in dem sie **abgeflossen** sind. **Regelmäßig wiederkehrende Betriebsausgaben** (z.B. Zinsen), die kurz vor Beginn oder nach Ende des Kalenderjahres abfließen, müssen dem Kalenderjahr zugerechnet werden, zu dem sie wirtschaftlich gehören.

3.1. Betriebsausgaben aufgrund von Zahlungsvorgängen

Diese Betriebsausgaben entstehen durch die Bezahlung von eingekauften Gütern und Dienstleistungen sowie durch Bezahlung sonstiger Verpflichtungen, z.B. Steuern.
Betriebsausgaben können auch als Renten gezahlt werden.

Sie sind dadurch gekennzeichnet, daß sie in Zusammenhang mit der Hingabe eines Schecks, der Einlösung eines Wechsels, der Überstellung des Überweisungsauftrages an eine Bank- oder Postbank stehen oder den Barbestand an Geldmitteln senken.

Diese Minderungen werden insbesondere hervorgerufen durch Käufe der folgenden Güter sowie Bezahlung von folgenden Dienstleistungen:
- Roh-, Hilfs- und Betriebsstoffe, Waren, Fremdbauteile
- Verbrauchswerkzeuge
- Verpackungsmaterialien
- Energie
- Reparaturmaterialien und Fremdinstandhaltungen
- sonstige Materialien
- bezogene Leistungen wie Frachten, Vertriebsprovisionen
- Löhne und Gehälter (Nettolohn + Lohn-/Kirchensteuer + Versicherung)*
- Soziale Abgaben und Altersversorgungen
- Arbeitgeberanteile zur Sozialversicherung
- Sonstige Personalaufwendungen
- Inanspruchnahme von Rechten (z.B. Mieten, Lizenzen)
- Inanspruchnahme von Diensten (z.B. Gebühren, Beratung, Rechtsschutz)
- Kommunikation (z.B. Büromaterial, Literatur, Post, Werbung)
- Beiträge (Versicherungen, Beiträge zu Wirtschaftsverbänden)
- Unternehmenssteuern (z.B. Gewerbe-, Grund-, Kraftfahrzeugsteuer, Zölle)
- Zinsen und ähnliche Aufwendungen
- Außerordentliche Betriebsausgaben

* Die Zahlung der Löhne und Gehälter erfolgt in der Regel in drei Teilen. Der Arbeitnehmer erhält vom eigentlichen Bruttolohn (Betriebsausgabe) nur den Netto-Anteil, einen Anteil erhält das Finanzamt, einen die Sozialversicherungsträger.

Exkurs: Steuern

Steuern können nur **Betriebsausgaben** sein, wenn sie von ihrer Art her Aufwendungen sind und als solche durch das Unternehmen veranlaßt wurden.

Sie lassen sich in vier Bereiche einteilen:

Unternehmenssteuern: Hierhin gehören alle Steuern, die Objekte oder Sachen einer Unternehmung besteuern, wie z.B.
Gewerbesteuer - den Gewerbebetrieb mit Ertrags- und Kapitalkraft,
Kraftfahrzeugsteuer - den Fuhrpark der Unternehmung,
Grundsteuer - die Betriebsgrundstücke und -gebäude.
Nur diese Steuern sind Betriebsausgaben!

Unternehmersteuern: Diese Personensteuern besteuern den Besitz des Unternehmers, wie z.B.
Einkommensteuer - das Einkommen des Unternehmers,
Kirchensteuer - das Einkommen des Unternehmers,
Vermögenssteuer - das Vermögen des Unternehmers.
Kraftfahrzeugsteuer - den Fuhrpark (Vermögen) des Unternehmers,
Grundsteuer - die privaten Grundstücke und Gebäude (Vermögen).
Hier handelt es sich um private Zahlungen des Unternehmers.

Zu aktivierende Steuern: Diese Abgaben besteuern den Erwerb eines Gutes, wie z.B.
Grunderwerbsteuer - den Erwerb eines Grundstückes oder Gebäudes,
Zölle - den Erwerb von Gütern aus dem Ausland.
Erwerbssteuern gehören zu den Anschaffungskosten des Gutes.

Steuern als durchlaufende Posten: Der Unternehmer ist nicht Träger dieser Steuern. Er hat sie jedoch abzuführen. Bis zum jeweiligen Abführungstermin hat er dem Staat gegenüber eine Verbindlichkeit. Zu dieser Steuerart gehören z.B.
Lohn- und Kirchensteuer - die Einkommen der Arbeitnehmer (siehe oben),
Verbrauchsteuern - den Verbrauch bestimmter Güter (z.B. Mineralölsteuer),
Umsatzsteuer - den Verkehr am Markt.
(Die gewinnliche Neutralität der Umsatzsteuer wird dadurch erreicht, daß Umsatzsteuer und Vorsteuerüberhang bei Rückzahlung als Betriebseinnahme, Vorsteuer und Umsatzsteuerzahllast als Betriebsausgabe behandelt werden. Sie ist kein durchlaufender Posten im Sinne dieser Gewinnermittlung!)

Von den o.a. Steuern sind an das zuständige Finanzamt (zur Weiterverteilung) abzuführen die Kraftfahrzeugsteuer, die Einkommen-, Lohn- und Kir-

chensteuer, die Vermögenssteuer, die Grunderwerbsteuer und die Umsatzsteuer.
An die Gemeindekassen von den o.a. Steuern zu zahlen sind die Gewerbesteuer und die Grundsteuer.
Das Hauptzollamt kassiert die Zölle und Verbrauchsteuern.

3.2. Betriebsausgaben in Verbindung mit dem Anlagevermögen

Wirtschaftsgüter des **nicht abnutzbaren Anlagevermögens** werden in der Gewinnermittlung erstmalig beim Verkauf oder bei der Entnahme erfaßt. Erst zu diesem Zeitpunkt sind sie als Betriebsausgaben in Höhe der damaligen Anschaffungs- oder Herstellungskosten zu berücksichtigen. Aus diesem Grunde muß ein Verzeichnis über diese Güter geführt werden!

So werden die entstandenen **Betriebseinnahmen** (siehe dort) durch den Verkauf oder die Privatentnahme korrigiert. Als **Gewinn** bleibt die restliche Wertschöpfung bestehen bzw. als **Verlust** ein Verkaufswert unterhalb des Kaufwertes.

Anschaffungskosten sind alle Aufwendungen, die dem Erwerb eines Gutes direkt bis zur Betriebsbereitschaft zuzurechnen sind, einschließlich Nebenkosten (Frachten, Provisionen etc.) abzüglich Preisschmälerungen (Rabatte, Boni, Skonti etc.). Abziehbare Vorsteuer, die die Umsatzsteuer schmälert, gehört nicht zu den Anschaffungskosten. Nicht abziehbare Vorsteuer - z.B. bei steuerfreien Umsätzen - gehört zu den Anschaffungskosten.
Herstellungskosten sind bei selbsterstellten Wirtschaftsgütern die Aufwendungen, die durch den Verbrauch von Gütern und Dienstleitungen bei der Erstellung entstanden.

Güter des **abnutzbaren Anlagevermögens** sind wie in der **Buchführung planmäßig abzuschreiben** (**Absetzung für Abnutzung** - **AfA**; Absetzung für Substanzverringerung - AfS). Im Falle eines vorzeitigen Verkaufs oder einer Entnahme wird der noch nicht abgeschriebene **Restbuchwert** ebenfalls als Betriebsausgabe berücksichtigt.

Diese planmäßige Abschreibung verteilt die **Anschaffungs**- oder **Herstellungskosten** (siehe oben) auf die **betriebsgewöhnliche Nutzungsdauer**

(**BND**). Als Hilfestellung wurden durchschnittliche Nutzungsdauern für Güter in AfA-Tabellen, die im Handel erhältlich sind, erfaßt. So beträgt die BND bei neuen Pkws z.B. neuerdings fünf Jahre.

Eine Ausnahme bilden hier die beweglichen **Geringwertigen Wirtschaftgüter** (Gegenstände) sowie Software, deren Anschaffungskosten (ohne Umsatzsteuer) 800 DM nicht übersteigen. Sie müssen einzeln bewertbar sein und in einem Verzeichnis über die gesamte Nutzungsdauer benannt werden.

Drei Abschreibungsarten sind in Abhängigkeit von der Art des abnutzbaren Anlagevermögens möglich:
Die **lineare Abschreibung** verteilt die Anschaffungs- oder Herstellungskosten in gleichen Beträgen auf die Nutzungsdauer. Um sich nach der Abschreibungsdauer bei einer verlängerten Nutzung an das Gut zu erinnern, kürzt man im letzten Jahr den Abschreibungsbetrag um 1 DM und läßt diese 1 DM als Erinnerungswert bis zur Herausnahme des Gutes (Betriebsausgabe) stehen.
Bei der **degressiven Abschreibung** wird pro Jahr - außer bei Grundstükken - ein fester Prozentsatz vom jeweiligen Restbuchwert aus dem Vorjahr abgeschrieben. Die Abschreibungsbeträge fallen also in jedem Jahr. Der Prozentsatz errechnet sich aus dem maximal dreifachen des linearen Abschreibungssatzes, er beträgt höchstens jedoch 30 %.
Als **Leistungsabschreibung** - jedoch nur bei Nachweis der Jahresleistungen möglich - werden die Anschaffungs- oder Herstellungskosten auf eine Leistungseinheit - Division der Anschaffungs- oder Herstellungskosten durch die gesamte voraussichtliche Leistung - bezogen. Diese Größe wird dann mit der tatsächlichen Jahresleistung multipliziert. Auch hier bleibt am Ende der Nutzung der o.a. Erinnerungswert bestehen.

Im Jahr des Zugangs bzw. Abgangs eines Gutes sind die Abschreibungen immer **zeitanteilig** - auf Monate verteilt - vorzunehmen. Beim Zugang wird der Zugangsmonat mitgezählt (Vereinfachungsregel siehe unten in der Tabelle); beim Abgang wird die Abschreibung bei jeder Vermögensart bis einschließlich Abgangsvormonat berechnet.

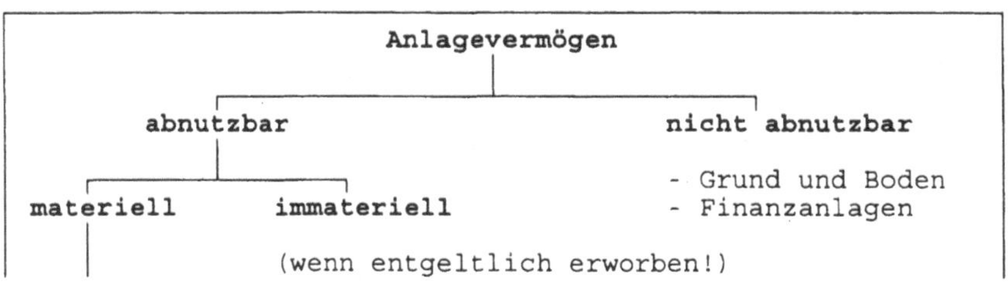

- Schutzrechte u. ähnliche
- Anwendungssoftware
- betriebssystemnahe Software
- Geschäfts- u. Firmenwert

lineare Abschreibung
zeitanteilig*: auf Monate berechnet

beweglich	**unbeweglich**
- Maschinen - Kfz - Geschäftsausstattung - sonstige Einrichtungen **lineare, degressive oder Leistungs-Abschreibung** **zeitanteilig*: kann vereinfacht auf das halbe Jahr berechnet werden, sonst monatlich** - Geringwertige Wirtschaftsgüter **können sofort abgeschrieben werden**	- Gebäude **lineare, degressive (fallende Prozentsätze) Abschreibung** **zeitanteilig*: bei linearer AfA monatlich berechnet, bei degressiver volle Jahresabschreibung** - Grundstücksbestandteile **lineare Abschreibung** **zeitanteilig*: auf Monate berechnet**

* beim Zugang der Güter; beim Abgang immer monatlich

In Verbindung mit der linearen Abschreibung und der Leistungsabschreibung sind zusätzlich **außerplanmäßige Abschreibungen** für außergewöhnliche technische oder wirtschaftliche Abnutzungen (z.B. Pkw-Unfall, unsachgmäße Maschinenbehandlung) möglich.
Auch besondere steuerliche **Sonderabschreibungen** z.B. zur Investitionsanregung über eine Gewinnminderung sind möglich. Sie werden u.a. im Kapitel 5 beschrieben.
Sollten sie am Ende eines Jahres vorgenommen worden sein, so muß ab der neuen Periode allerdings die AfA entsprechend der Restnutzungsdauer vom neuen Buchwert neu ermittelt werden.

3.3. Betriebsausgaben aufgrund sonstiger Sachverhalte

Werden Leistungen zwischen zwei Unternehmen **ausgetauscht**, so liegt in Höhe der üblichen Endpreise eine Betriebsausgabe, jedoch z.B. bei Waren auch eine **Betriebseinnahme** vor. (Beim Tausch von Anlagevermögen wird die Betriebsausgabe - wie oben dargestellt - erfaßt.)

Wird eine Forderung dem Kunden **erlassen**, so liegt zwar eine **Betriebseinnahme** vor, gleichzeitig aber auch eine Betriebsausgabe.

Zinsaufwendungen sind nur insoweit Betriebsausgaben, wie die Kredite (auch Kontokorrentkredite) betrieblich veranlaßt sind.
Dabei sind Währungsverluste bei Darlehnsrückzahlungen in **Fremdwährungen** durch Kursanstieg als Betriebsausgaben im Jahr der (Teil-)Tilgung abziehbar.
Tilgungen von **Darlehn** sind keine Betriebsausgaben.
Rentenzahlungen sind in Höhe des Zinsteils Betriebsausgaben. Die Tilgungen sind nur als o.a. Güterzugänge Betriebsausgaben.
Darlehnsabgelder (Damnum, Disagio) werden im Zeitpunkt der Darlehnsauszahlung - auch bei ratenweiser Auszahlung - als Betriebsausgabe erfaßt. Fällt es schon vor Darlehnsauszahlung an, kann es vorher abgesetzt werden.
Sonstige **Geldbeschaffungskosten** gelten im Jahr der Verausgabung als Betriebsausgaben.

Aufwendungen können mit Gütern zusammenhängen, die überwiegend unternehmerisch genutzt werden (unternehmerische Nutzung über 50% - in der Buchführung notwendiges Betriebsvermögen). Sie können aber auch einen Bezug zu Gütern mit nicht unerheblicher unternehmerische Nutzung haben (unternehmerische Nutzung von 10% bis 50% - in der Buchführung gewillkürtes Betriebsvermögen).
Betriebsausgaben sind grundsätzlich nur Aufwendungen der ersten Gruppe. Handelt es sich um Aufwendungen der zweiten Gruppe, so können diese dann berücksichtigt werden, wenn eine Trennung in private und unternehmerische Teile aufgrund objektiver Merkmale und Unterlagen möglich ist.
Typische Beispiele sind **gemischte Nutzungen** von Autos, Telefonanschlüssen, Kontokorrentkonten.
(Ein Nachweis z.B. bei einem Pkw ist über ein Fahrtenbuch möglich, bei einer Telefonanlage über Aufzeichnungen der Gespräche über mindestens drei Monate, bei Kontokorrentkonten über die Zinszahlenstaffelmethode.)

3.4. Vorsteuer und Umsatzsteuerzahllast

Die **abziehbare Vorsteuer** beim Kauf von Gütern oder bei der Inanspruchnahme von Leistungen aufgrund steuerpflichtiger Umsätze oder Exportgeschäfte ist eine **Betriebsausgabe**.

Dokumentiert werden müssen im Rahmen der Gewinnermittlung damit die **Bruttoausgaben** einschließlich der Umsatzsteuer bei Nicht-Anlagegütern im Zeitpunkt der Zahlung. Bei Anlagegütern dagegen erscheint nur die in Rechnung gestellte Umsatzsteuer als Vorsteuer-Betriebsausgabe. Die Entgelte wirken nur wie o.a. gewinnmindernd.

Die **Umsatzsteuerzahllast** ist ebenfalls als Betriebsausgabe zu berücksichtigen. Es handelt sich auch hierbei um einen Zahlungsabfluß.
Die Umsatzsteuer aufgrund des Eigenverbrauchs muß dann nicht extra aus der Zahllast herausgerechnet werden, wenn sie als Betriebseinnahme angesetzt wird. Ihr Ansatz als Betriebseinnahme erleichtert also das Abrechnungsverfahren. Ist sie nicht als Betriebseinnahme aufgeführt, darf sie als gewinneutrale Steuer auch nicht als Betriebsausgabe berücksichtigt werden.

Eine Neutralisierung ergibt sich dadurch, daß die **Umsatzsteuer Betriebseinnahme** ist, die Vorsteuer wie die Umsatzsteuerzahllast - als Differenz zwischen Umsatz- und Vorsteuer - Betriebsausgabe ist (Umsatzsteuer, Vorsteuer und Zahllast wurden im Abschnitt "Aufzeichnungen" erläutert.)

3.5. Freibeträge und Pauschalierungsmöglichkeiten bei Betriebsausgaben in Verbindung mit Nebeneinkünften

Häufig werden selbständige Tätigkeiten wie z.B. als (Klein-)Gewerbetreibende oder Freiberufler als **Nebentätigkeit** ausgeübt. Das heißt, daß diese Tätigkeiten insgesamt mit einem Zeitumfang von nicht mehr als einem Drittel eines entsprechenden Vollerwerbstätigen von untergeordneter Bedeutung sind.
Auch Hausfrauen, Vermieter, Studenten, Arbeitslose und Rentner können nebenberuflich tätig sein.

Bei Nebentätigkeiten können in vielen Fällen die Betriebsausgaben aus Vereinfachungsgründen **pauschal** berücksichtigt werden.
So gelten z.B. folgende Sätze:
- Nachhilfestunden, Lehr- und Prüfungstätigkeiten bei einem Lehrer:
  25% der Einnahmen, höchstens 1.200 DM jährlich;
- Schriftsteller und ähnliche:
  25% der Einnahmen, höchstens 1.200 DM jährlich;
- Volksmusiker:
  100% der Einnahmen, höchstens 1.200 DM jährlich;
- darstellende Künstler (Artisten, Sänger, Tänzer, Komiker usw.):

als Solisten 365 DM, in Gruppen 265 DM monatlich;
- Tagesmütter und Kinderbetreuer (bei Bezahlung durch Privatpersonen): anteilig vom vollen Satz - 480 DM bei Acht-Stundentag monatlich;
- Forstwirte, die selbstgeschlagenes Holz verkaufen: 65% der Einnahmen - bei Einschlagsbeschränkungen 90%;
- Forstwirte, die das Holz auf dem Stamm verkaufen: 40% der Einnahmen - bei Einschlagsbeschränkungen 65%.

Freiberufler u.a., deren Berufsgruppe oben nicht benannt wurde, sollten beim Finanzamt trotzdem eine Betriebsausgaben-Pauschale von 25% der Einnahmen maximal 1.200 DM beantragen. Viele Finanzämter erkennen diese Pauschale sogar ohne die Höchstgrenze an.

Höhere Betriebsausgaben als o.a. Pauschalen können bei Nachweis durch entsprechende Belege geltend gemacht werden.

Für **Übungsleitertätigkeiten** und ähnliche Tätigkeiten im Nebenberuf - gleichgültig ob selbständig oder nichtselbständig durchgeführt - wird eine **Aufwandsentschädigung** bis zu 2.400 DM jährlich als steuerfrei anerkannt.

Typische Tätigkeiten in diesen Bereichen sind Tätigkeiten als Erzieher, Ausbilder, Übungsleiter, Dozenten und ähnliche (wie: Sporttrainer, Jugendwarte, Skilehrer, Kinderbetreuer, Mannschaftsbetreuer, Chorleiter, Dirigenten, Religionslehrer, Schwimmlehrer, Dozenten an Volkshochschulen, Dozenten bei Erste-Hilfe-Kursen, sonstige Lehr-, Prüfungs-, Vortragstätigkeiten für die Allgemeinheit, Leiter von Volkshochschulen, Feuerwehrausbilder, Mentoren an Hochschulen sowie künstlerische Tätigkeiten und Pflege alter, kranker oder behinderter Menschen).

Sie müssen entweder
- zur Förderung gemeinnütziger, mildtätiger oder kirchlicher Zwecke,
- im Dienst oder Auftrag einer inländischen juristischen Person öffentlichen Rechts oder
- im Dienst oder Auftrag einer Einrichtung, wie z.B. eines gemeinnützigen Sportvereins

durchgeführt werden.

(Nicht begünstigt sind jedoch Tätigkeiten als Platzwart, Kassierer, Vorstandsmitglied im Sportverein, Hausmeister, Ausbilder von Tieren u.a.)

Übersteigen die Betriebsausgaben (oder Werbungskosten bei Nichtselbständigen) diesen steuerfreien Betrag, können sie bei Nachweis geltend gemacht werden.

Werden mehrere solcher Tätigkeiten ausgeführt, so gilt die o.a. Aufwandsentschädigung für alle insgesamt.

Insgesamt **steuerfrei** sind dagegen **Gewinne** aus **Nebeneinkünfte**n bei **hauptberuflichen Arbeitnehmern**, die 800 DM im Kalenderjahr nicht übersteigen. Sie bleiben dann bis zu dieser Höhe steuerfrei, wenn keine sonstigen weiteren Einkünfte vorliegen. Weitere Voraussetzung ist allerdings, daß das Einkommen bei Alleinstehenden nicht mehr als 27.000 DM, bei Verheirateten nicht mehr als 54.000 DM im Kalenderjahr beträgt.

Betragen die Nebeneinkünfte zwischen 800 DM und 1.600 DM, so wirkt sich der Freibetrag von 800 DM, allerdings gekürzt um den 800 DM übersteigenden Betrag, als Härteausgleich ebenfalls steuermindernd aus.

Zahlungen von Aufwandsentschädigungen aufgrund **ehrenamtliche**r Tätigkeiten sind dann steuerfrei, wenn sie aus Bundes-, Landes- oder öffentlichen Kassen gezahlt werden z.B. entweder an Minister und Abgeordnete oder an ehrenamtliche Bürgermeister sowie Stadt- und Gemeinderäte - soweit diese nicht sowieso in der fiskalischen Verwaltung tätig sind -, an weitere Personen, die bei kassenärztlichen Vereinigungen, Rettungsdiensten, als Volkszähler, in Gutachterausschüssen, für Kammern (IHK etc.) tätig sind.

Bei der ersten Gruppe findet keine Prüfung durch Finanzämter statt, ob ein abzugfähiger Aufwand in der entsprechenden Höhe entstanden ist. Als steuerfreie Anteile der zweiten Gruppe können aus Vereinfachungsgründen berechnet werden ein Drittel, mindestens 50 DM monatlich, höchstens der gezahlte Betrag (jedoch maximal nur 300 DM monatlich, wenn die Entschädigung nicht durch Gesetz oder Verordnung bestimmt ist).
Kann man höhere Aufwendungen nachgewiesen, werden diese steuerfrei anerkannt.

3.6. Nicht absetzbare Betriebsausgaben

Tilgungen von **Darlehn** sind keine Betriebsausgaben, da hier keine echte Verausgabung von Mitteln geleistet wird. Das gleiche gilt für zu zahlende Kautionen, deren Eingang ebenfalls nicht als Betriebseinnahme erfaßt wird. Zinsen für Darlehn und Kautionen sind jedoch Betriebsausgaben (s.o.).

Verluste aus **Diebstahl** und **Unterschlagung** von Gütern des Vorratsvermögens haben sich schon beim Kauf als Betriebsausgaben ausgewirkt, denen keine Betriebseinnahmen gegenüberstehen. Entsprechende Verluste von Geldmitteln (bei Führung von Kassenbüchern) dagegen sind Betriebsausgaben; bei fehlenden Kassenbüchern werden sie als Privatentnahmen (siehe dort) behandelt. Verluste beim Anlagevermögen werden wie o.a. als Abgänge ohne entsprechende Betriebseinnahmen erfaßt.

Krankenhaustagegeldversicherungen gehören zu den Lebenshaltungskosten und nicht zu den Betriebsausgaben, auch wenn sich die Inhaber verpflichtet haben, Versicherungsleistungen als Betriebseinnahmen anzusetzen. Betriebliche **Unfallversicherungen** sind nur in Höhe des Risikoanteils Betriebsausgaben, nicht in Höhe der restlichen Sparanteile.

Nicht absetzbar sind auch die Betriebsausgaben der folgenden Arten, die im § 4(5) EStG katalogisiert sind:

- Aufwendungen für Geschenke an Personen (nicht Arbeitnehmer) über 75 DM;
- Aufwendungen für die Bewirtung aus geschäftlichem Anlaß über 80% der nach Verkehrsauffassung angemessenen Kosten;
- Aufwendungen für Einrichtungen der Bewirtung, Beherbergung oder Unterhaltung von Personen (nicht Arbeitnehmern), wenn die Einrichtung am Ort des Unternehmens liegt;
- Aufwendungen für Jagd oder Fischerei sowie für Jachten einschließlich damit zusammenhängender Bewirtungen;
- Aufwendungen für Verpflegung, soweit sie 140% der höchsten Tagesgeldbeträge nach dem Bundesreisekostengesetz übersteigen.
- Aufwendungen für Fahrten zwischen Wohnung und Arbeitsstätte sowie für Familienheimfahrten, die die Höhe entsprechender Werbungskosten für Arbeitnehmer übersteigen;
- andere Kosten, die die Lebenshaltung berühren, soweit sie nach allgemeiner Verkehrsauffassung als unangemessen anzusehen sind;

- Bußgelder, Ordnungsgelder, Verwarnungsgelder sowie Leistungen zur Erfüllung von gerichtlichen Auflagen oder Weisungen ohne Wiedergutmachung;
- Zinsen für hinterzogene Steuern;
- Ausgleichzahlungen nach dem Körperschaftsteuergesetz an außenstehende Anteilseigner.

Soweit o.a. Betriebsausgaben innerhalb bestimmter Grenzen abziehbar sind, müssen sie besonders aufgezeichnet werden (siehe Aufzeichnungen).

3.7. Zusammenfassende Darstellung der Betriebsausgaben

Betriebsausgaben		
Grundsätzliche Zahlungsvorgänge	**Anlagevermögen**	**Sonstige**
Vorsteuer	Vorsteuer	Vorsteuer
Roh-, Hilfs- und Betriebsstoffe, Waren, Fremdbauteile Verbrauchswerkzeuge Verpackungsmaterialien Energie Reparaturmaterialien Fremdinstandhaltungen sonstige Materialien bezogenen Leistungen (Frachten, Vertriebsprovisionen u.a.)	Wirtschaftsgüter des nicht abnutzbaren Anlagevermögens werden erst im Verkaufszeitpunkt als Betriebsausgaben in Höhe der damaligen Anschaffungs- oder Herstellungskosten erfaßt (Verzeichnis) wie z.B. Grundstücke Beteiligungen Wertpapiere des AV	Tausch - gleichzeitig Betriebseinnahme Forderungserlaß - gleichzeitig Betriebseinnahme betrieblich bedingte Zinsaufwendungen Währungsverluste bei Darlehnsrückzahlungen in Fremdwährungen Rentenzahlungen in Höhe des Zinsteils

<table>
<tr>
<td>Löhne und Gehälter
Soziale Abgaben
Altersversorgungen
Arbeitgeberanteile zur Sozialversicherung
Sonstige Personalaufwendungen
Inanspruchnahme von Rechten (z.B. Mieten, Lizenzen)
Inanspruchnahme von Diensten (z.B. Gebühren, Beratung, Rechtsschutz)
Kommunikation (z.B. Büromaterial, Literatur, Post, Werbung)
Beiträge (Versicherungen - Risikoanteil, Beiträge zu Wirtschaftsverbänden)
Unternehmenssteuern (z.B. Gewerbe-, Grund-, Kraftfahrzeugsteuer, Zölle)
Zinsen und ähnliche Aufwendungen
Außerordentliche Betriebsausgaben
Umsatzsteuerzahllast</td>
<td>Güter des abnutzbaren Anlagevermögens sind planmäßig abzuschreiben (Absetzung für Abnutzung - AfA; Absetzung für Substanzverringerung - AfS);
im Falle eines vorzeitigen Verkaufs oder einer Entnahme wird der noch nicht abgeschriebene Restbuchwert ebenfalls als Betriebsausgabe berücksichtigt,
wie z.B.
Patente
Software (nicht Hersteller)
sonstige immaterielle Güter
Gebäude
Maschinen und technische Anlagen
Werkstätteneinrichtungen
Werkzeuge
Lager- und Transporteinrichtungen
Fuhrpark
Büro- und Geschäftsausstattungen
Ausnahme: bewegliche Geringwertige Wirtschaftsgüter (Gegenstände) sowie Software (Verzeichnis)</td>
<td>Darlehnsabgelder (Damnum, Disagio)
Sonstige Geldbeschaffungskosten
Aufwendungen bei Gütern mit nicht unerheblicher unternchmerischer Nutzung bei Trennung in private und unternehmerische Teile
wie z.B.
gemischte Nutzungen von Autos, Telefonanschlüssen, Kontokorrentkonten
Verluste von Geldmitteln</td>
</tr>
</table>

4. Durchlaufende Posten

Durchlaufende Posten sind solche Einnahmen und Ausgaben, die im Namen und auf Rechnung eines Dritten vorgenommen werden.

Diese durchlaufenden Posten sind gewinneutral. Sie sind also weder als Betriebseinnahmen noch - wie in den u.a. Beispielen - als Betriebsausgaben zu berücksichtigen.

Typische Beispiele sind hier die Lohn- und Kirchensteuer der Arbeitnehmer oder die Arbeitnehmeranteile der Sozialversicherungen. Diese Abgaben werden für die Arbeitnehmer abgeführt.

Da aber im Zeitpunkt der Lohn- und Gehaltszahlung nur die Auszahlung in Nettohöhe anfällt, die Abgaben aber zum Bruttolohn bzw. -gehalt als gesamte Zahlungsgröße gehören, werden sie zusätzlich zum Nettowert als Betriebsausgabe gebucht.

Die Umsatzsteuer ist kein durchlaufender Posten.

5. Steuersparstrategien aufgrund von weiteren Einzelvorschriften

In der Finanzbuchhaltung sind eine Reihe von **Gewinnkürzungsmöglichkeiten** bekannt, die der Staat aus Billigkeitsgründen oder aus konjunkturpolitischen Gründen einräumt. Der Steuerpflichtige hat in jedem Fall die Wahl, diese Berechnungsalternativen zu nutzen oder aber darauf zu verzichten. Die Kürzung führt bei den Steuern, deren Berechnungsbasis der Gewinn ist, ebenfalls zu einer **Steuerersparnis**.

Einige dieser Gewinnsparmöglichkeiten sind auch auf Unternehmer übertragbar, die ihre Gewinneinkünfte mit Hilfe der **Einnahmen-Überschußrechnung** ermitteln.

Hier folgt eine Aufstellung der wichtigsten Möglichkeiten:

a) Ersatzbeschaffungsrücklage

Diese sogenannte **steuerfreie Rücklage** kann in Anspruch genommen werden, um die Gewinnerhöhung durch die Aufdeckung einer stillen Reserve aufgrund einer Zwangslage zu vermeiden.

Die Zwangslage entsteht in diesem Fall aufgrund höherer Gewalt (auch durch sorgfältige Vorsorge nicht zu verhüten) oder aufgrund eines behördlichen Eingriffs (z.B. Zwangsstillegung.)

Zur Aufdeckung einer solchen stillen Reserve kann es dadurch kommen, daß durch eine Entschädigung - Betriebseinnahme - für das ausgeschiedene Gut mehr erlöst wird, als die Betriebsausgaben ausgemacht haben.

Diese Rücklage ist aber mit den Anschaffungs- oder Herstellungskosten des ersatzbeschafften Gutes zu verrechnen. Diese kürzen sich also und verringern so die entsprechenden Betriebsausgaben.

Sind die neuen Anschaffungs- oder Herstellungskosten des Ersatzgutes niedriger als die Entschädigung, so kann die Rücklage nur im Verhältnis "Beschaffungskosten zu Entschädigung" verrechnet werden. Der Resterlös ist Betriebseinnahme.

Die Rücklagenübertragung auf ein Ersatzgut muß bis zum Ablauf des folgenden Geschäftsjahres erfolgt sein (bei Grundstücken und Gebäuden verlängert sich die Frist um ein Jahr). Ansonsten ist die Rücklage als Betriebseinnahme aufzulösen.

b) Re-Investitionsrücklage

Im Gegensatz zur Gewinnermittlung durch Buchführung ist diese **steuerfreie Rücklage** nur eingeschränkt möglich.

In diesem Fall kann der Veräußerungsgewinn eines bestimmten Gutes auf bestimmte Güter, die im Vorjahr (Berechnung auf augenblicklichen Buchwert bei abnutzbaren Gütern - und damit Kürzung der Abschreibungsbasis dieser Güter) oder im laufenden Jahr angeschafft oder hergestellt wurden, durch Kürzung der jeweiligen Werte übertragen werden.
Er kann jedoch auch als Rücklage behandelt und dann bis zum Ablauf des folgenden vierten Jahres (bei Grundstücken und Gebäuden des folgenden sechsten Jahres) durch Kürzung der Beschaffungswerte übertragen werden. Danach ist die Rücklage als Betriebseinnahme aufzulösen.

Eine Aufzeichnung der Rücklage hat gleichzeitig als Betriebseinnahme und Betriebsausgabe zu erfolgen.

Der Veräußerungsgewinn muß sich auf Güter des Anlagevermögens (Grund und Boden, Gebäude, Aufwuchs und Anlagen - bei land- und forstwirtschaftlichen Betrieben - im Grund und Boden) beziehen, die mindestens sechs Jahre zum Betrieb gehören.

Übertragen werden kann auf Anlagegüter innerhalb o.a. Gruppen oder auf Gruppen, deren Nutzungsdauer kürzerfristig ist, also auch auf bewegliche Güter, wie z.B. Maschinen. Eine Übertragung auf andere Betriebe ist grundsätzlich - allerdings nicht in jedem Fall - erlaubt. Über die Güter, auf die übertragen wird, ist ein Verzeichnis zu führen.

c) Zuschußrücklage

Wird dem Steuerpflichtigen ein echter - nicht rückzahlbarer - Zuschuß aus öffentlichen oder privaten Mitteln zur Beschaffung eines Wirtschaftgutes zur Verfügung gestellt, so kann diese Betriebseinnahme ebenfalls vorerst als Rücklage behandelt werden.

Sie ist aber dann mit den Anschaffungs- oder Herstellungskosten des bezuschußten Gutes zu verrechnen. Diese verringern so die entsprechenden späteren Betriebsausgaben.

Die Übertragung muß bis zum Ablauf des folgenden Geschäftsjahres erfolgt sein. Ansonsten ist die Rücklage als Betriebseinnahme aufzulösen.

d) Ansparabschreibung

Kleinere bis mittlere Unternehmen (Gewerbetreibende und Freiberufler) können ab 1995 grundsätzlich für die geplante Anschaffung oder Herstellung von **beweglichen** Investitionsgütern, die mindestens ein Jahr im Unternehmen verbleiben, eine **Ansparabschreibung** von 50% der voraussichtlichen Beschaffungskosten als Rücklage bilden.

Diese Rücklage ist als Betriebsausgabe berücksichtigungsfähig. Im Jahr der Investition werden dann jedoch die Anschaffungs- oder Herstellungskosten des neuen Gutes maximal bis zu einer Höhe von 50% durch diese Rücklage - u.a. zur Ermittlung möglicher Abschreibungen sowie folgender Sonderabschreibungen - gekürzt.

Eine Rücklage, die am Ende des zweiten Wirtschaftsjahres nach dem Jahr ihrer Bildung z.B. wegen fehlender Investitionen noch vorhanden ist, muß dann als Betriebseinnahme gewinnerhöhend aufgelöst werden. Dieses gilt auch für den Rest der Rücklage, wenn sie aufgrund einer Überschätzung der Beschaffungskosten gegenüber den tatsächlichen Kosten zu hoch berechnet wurde. Der Betriebseinnahme wird zusätzlich ein Gewinnzuschlag von 6% der aufgelösten nicht verrechnungsfähigen Rücklage für jedes volle Kalenderjahr zugeschlagen.

e) Sonderabschreibungen

Sonderabschreibungen sind nur grundsätzlich möglich in Verbindung mit linearer Abschreibung. Könnten aufgrund der gesetzlichen Gegebenheiten mehrere Arten zutreffen, so darf nur eine Art ausgewählt werden.

Für **bewegliche Güter** (Anschaffung nach dem 31.12.87) können in Klein- und Mittelbetrieben zusätzlich zur Abschreibung im Anschaffungsjahr, gleichmäßig oder ungleichmäßig auf fünf Jahre verteilt, Sonderabschreibungen - Betriebsausgaben - in Höhe von 20% der Anschaffungs- oder Herstellungskosten vorgenommen werden. Voraussetzung ist, daß das Gut mindestens ein Jahr in einer inländischen Betriebsstätte verbleibt und während der Zeit der Sonderabschreibungen fast ausschließlich betrieblich genutzt wird. Diese Sonderabschreibung ist auch in Verbindung mit der o.a. Ansparabschreibung möglich!

Weitere Sonderabschreibungen sind u.a. möglich
- bei Baumaßnahmen an Gebäuden zur Schaffung neuer Mietwohnungen;
- für Umweltschutzgüter;
- für Fabrikgebäude, Lagerhäuser und landwirtschaftliche Betriebsgebäude Vertriebener und Verfolgter;
- für abnutzbare Anlagegüter privater Krankenhäuser;
- für Gebäude in Sanierungsgebieten und städtebaulichen Entwicklungsbereichen;
- bei Baudenkmälern;
- für Wohnungen mit Sozialbindung.

III. Anforderungen an eine EDV-orientierte EA-Rechnung

Die Frage, warum Aufzeichnungen und Gewinnermittlung überhaupt mit dem Werkzeug "EDV" erarbeitet werden sollten, beantwortet sich selbst sehr schnell durch die Nennung der Vorteile dieser Datenverarbeitungsart. Sie liegen in der rationellen Datenerfassung und -verarbeitung.

So lassen sich mit hoher Geschwindigkeit große Datenmengen speichern, berechnen und verwalten. In dialogorientierter Verarbeitung werden nur relevante Daten aus- und eingegeben. Gesetzliche Vorschriften finden - soweit automatisierbar - zur Entlastung des Bearbeitenden Berücksichtigung. Der manuelle Erfassungs-, Berechnungs- und Darstellungsaufwand wird so auf ein Mindestmaß zurückgeführt. Verarbeitungsintervalle verkürzen sich. Informationen stehen schneller zur Verfügung. Auswertungen sind zuverlässiger und genauer als bei manuellen Arbeiten, da bei einmal richtiger Programmierung Berechnungsfehler nicht mehr vorkommen können. Außerdem verbessert sich das gesamte Berichtswesen.

Durch Preissenkungen im Hardwarebereich und durch Standardisierung der Software werden die Anschaffungskosten für Kleinunternehmer - gerade auch für die, die nur eine Nebentätigkeit ausüben - tragbar.

An dieser Stelle soll nun versucht werden, Anforderungen zu benennen, die ein Programm als Werkzeug erfüllen sollte, das der Unternehmer zur Dokumentation von Aufzeichnungen und zur Gewinnermittlung im Rahmen einer Einnahmen-Überschußrechnung einsetzen kann.

Dabei hängt die Bewertung "optimaler Leistungsumfang" jedoch im Einzelfall von den jeweils subjektiven Vorstellungen des Anwenders in Verbindung mit dem Programmpreis ab.

Der Leistungsumfang wird seitens des Software-Herstellers mitbestimmt durch den Preis des Programms, dessen Akzeptanz gerade im Bereich der Nebentätigkeiten eine große Rolle spielt. Weiter wird er beeinflußt von der Nachfragemenge, die durch eine Verwendbarkeit in vielen Branchen bzw. bei vielen Berufsarten erhöht werden soll. Beide Punkte setzen voraus, daß bestimmte Programmteile nicht nur von spezifischen Gruppen nutzbar sind!

Aus dem letzten Grund werden in der Regel auch nur Programme auf der Basis der steuerlichen Bedingungen erstellt.

Die folgenden Anforderungen sind sicherlich nicht vollständig aufgezählt, sollten aber die Erwartungen an ein Produkt mit gängigem Preis-Leistungsverhältnis widerspiegeln!

Zur besseren Übersicht werden die Anforderungen unter dem Aspekt "Generelle Anforderungen", "Aufzeichnungen" und "Gewinnermittlung" untersucht:

a) Generelle Anforderungen

Die erste Berührung mit einem Programm muß auch für bisherige "Nicht-Anwender" dieser Programmarten verständlich, übersichtlich und in einfachen Schritten erfolgen. Hemmschwellen, die in der Arbeit mit Computer und Programm liegen können, werden so am ehesten abgebaut.
Deshalb sollte die Installation soweit möglich automatisch über ein Installationsprogramm erfolgen. Allerdings sollte der Anwender die Arbeit des Installationsprogramms gedanklich einordnen können. Dazu sind einfache Grundkenntnisse über Hardware und organisatorische Strukturen (wie z.B. Laufwerke und Laufwerksbezeichnungen, Organisation der Festplatte in Verzeichnisse und Unterverzeichnisse) notwendig.

Bei der Arbeit mit dem Programm müssen die einzelnen Programmschritte übersichtlich gestaltet und aufeinander abgestimmt sein. Der Programmzusammenhang muß erkennbar bleiben. Die augenblickliche Arbeit muß in die Geamtarbeit eingeordnet werden können. Dehalb sollte auch der Bildschirmaufbau grundsätzlich aus konstanten Teilbereichen bestehen:

- Informationsteil über Programmteil und Menüpunkte,
- Menüauswahlteil,
- Bearbeitungs- bzw. Eingabeteil,
- Hinweis- und Abfrageteil.

Der Anwender sollte z.B. über einfachste Menüs und durch Hilfen (Auswahlhilfen, Vorgaben bei Stammdaten) - soweit notwendig mit zusätzlichen Informationen versehen - automatisch zu den Arbeiten geführt werden. Interne Rechnerarbeiten, wie z.B. Vorbereitungen für Ausdrucke, sollten kommentiert werden.

In einem durch pädagogisch versierte Fachleute aufbereiteten Handbuch werden die Vorgehensweisen und Arbeiten erläutert und - je nach Komplexität - ausführlicher kommentiert.

b) Aufzeichnungspflichten

Betriebseinnahmen und Betriebsausgaben sollten einmalig eingegeben werden können und mittels bestimmter Zuweisungen intern für die unterschiedlichen Aufzeichnungen ausgewertet werden können.

Auf diese Weise lassen sich aus den eingegebenen Werten folgende Aufzeichnungen erstellen:
- Protokoll aller gebuchten Betriebseinnahmen und -ausgaben,
- Besonders aufzuzeichnende Ausgaben
- Tägliche Bareinnahmen und Barausgaben - Kassenbuch,
- Warenein- und Warenausgänge bzw. Werkstoffe und Produkte,
- Umsatzsteuerliche Entgelte für erbrachte Leistungen, Entgelte der erhaltenen Leistungen, Bemessungsgrundlagen für Eigenverbräuche u.a., Umsatzsteuer und Vorsteuer, Daten der Umsatzsteuer-Voranmeldungen.

Sinnvoll ist es, die Baraufzeichnungen getrennt nach mehreren Kassen vornehmen zu können.
Eine Differenzierungsmöglichkeit der Betriebseinnahmen und Betriebsausgaben in ausreichender Anzahl ist wegen der umsatzsteuerlichen Aufzeichnungspflichten, der Warenbücher und der gesondert auszuweisenden Betriebsausgabengruppe unabdingbar.
Buchungsstammtexte ermöglichen zusätzlich eine Standardisierung der Buchungserläuterungen.

Die o.a. Aufzeichnungen sollten zur schnellen Überprüfung über den Bildschirm abrufbar sein.
Zu den Darstellungen gehören Barvorfälle und Buchungsprotokoll als kumulierte Werte oder Monatswerte, die Summen der Differenzierungen oder die Bewegungen einzelner Differenzierungen monatlich bzw. insgesamt. Im Kassenbereich sollten Tagesumsätze und monatliche bzw. kumulierte Kassenbewegungen - auch einzelner Kassen - sowie Kassenbestände dazukommen.

Erforderliche Ausdrucke sind:
- Barvorfälle:
  - -- Gesamtjournal (auch monatlich)
  - -- Gesamtsummen der einzelnen Differenzierungen von Einnahmen und Ausgaben (auch monatlich)
  - -- Gesamtjournal einer Differenzierung von Einnahmen und Ausgaben (auch monatlich)
  - -- Gesamtsummen der einzelnen Kassen (auch monatlich)
  - -- Gesamtjournal einer Kasse (auch monatlich)

  - Gesamtjournal einer Kasse mit bestimmter Differenzierung von Einnahmen und Ausgaben (auch monatlich)
  - Kassenbestände
- Protokolle
  - Journal (auch monatlich)
  - Differenzierungen von Einnahmen und Ausgaben (auch monatlich)
  - Gesamtjournal einer Differenzierung von Einnahmen und Ausgaben (auch monatlich)
- Umsatzsteueraufzeichnungen
  - Entgelte erbrachter Leistungen differenziert nach Steuersätzen und steuerfreien Umsätzen sowie Steuer (auch monatlich)
  - Entgelte empfangener Leistungen Umsätzen sowie Vorsteuer (auch monatlich)
  - Bemessungsgrundlagen für Eigenverbräuche u.a. (auch monatlich)
- Warenbücher - jeweils Wareneingangs- und Warenausgangsbuch
  - Gesamtdarstellung (auch monatlich)
  - Gesamtsummen der einzelnen Warenarten (auch monatlich)
  - Gesamtdarstellung einer Warenart (auch monatlich)
- Zahlen für die Umsatzsteuer-Voranmeldung

Aufzeichnungen von Lohn- und Gehaltsabrechnungen und Verzeichnisse der Anlagegüter sind nur schwer mit den o.a. Schwerpunkten vereinbar. Programme müssen um diese Bereiche erweitert werden. Was wiederum eine Software verteuert, obschon vielleicht nur einige Anwender diese Programmteile nutzen würden. Hier ist es sinnvoller, entsprechende Programme zuzukaufen und die Aufzeichnungen von dort zu übernehmen.

c) Gewinnermittlung

Die schon eingegebenen Betriebseinnahmen und Betriebsausgaben werden als Bruttowerte unter dem Aspekt Gewinnermittlung aufgrund von Zuweisungen vom Rechner aufbereitet.
Dabei werden Ausgaben bei Käufen von Anlagegütern gewinnlich - entsprechend den gesetzlichen Bestimmungen - außer der enthaltenen Vorsteuer - neutralisiert. (Abschreibungen und Verkaufs-Restbuchwerte bei abnutzbaren Gütern sowie Anschaffungs- oder Herstellkosten als Gegenerfassung der Verkaufs-Betriebseinnahmen bei nicht abnutzbaren Gütern müs-

sen manuell eingegeben werden. Eine automatische Erfassung dieser Betriebsausgaben wäre in der Regel nur bei aufwendigeren Programmen in Verbindung mit einem Anlagenprogramm möglich.)

Am Bildschirm sollten überprüfbar sein:
Betriebseinnahmen und Betriebsausgaben als kumulierte Werte oder Monatswerte, die Summen der Differenzierungen oder die Bewegungen einzelner Differenzierungen monatlich bzw. insgesamt.

Erforderliche Ausdrucke sind:
- Journal (auch monatlich)
- Differenzierungen von Betriebseinnahmen und Betriebsausgaben (auch monatlich)
- Gesamtjournal einer Differenzierung von Betriebseinnahmen und Betriebsausgaben (auch monatlich).

d) Organisatorisches

Im Rahmen der Datensicherheit, aber auch aus technischen Gründen, werden noch einige organisatorische Anforderungen benannt.

Vor der ersten Programmanwendung sollten sogenannte Stammdaten angelegt werden. Es handelt sich hier um Daten, die sich über lange Zeiträume nicht verändern, also nicht bei jedem Buchungsgang neu eingegeben werden müssen. Zum Teil dienen diese Daten auch zur automatischen Berechnung seitens des Systems oder zur Differenzierung bei Auswertungen.
Typische Stammdaten sind wiederkehrende Buchungstexte als Buchungserläuterungen, Differenzierungen der Einnahmen und Ausgaben (Nummern, Bezeichnungen und Steuerschlüssel) zur vereinfachten Verarbeitung einschließlich Steuerberechnung, Kassenzuordnungen für eine Differenzierung bei mehreren genutzten Kassen, Steuerschlüssel mit Prozentsätzen, Umsatz- oder Vorsteuermerkmalen und Berechnungsvorgaben.

Als Nachweis ist es erforderlich, Daten abschnittsweise, z.B. täglich oder monatlich, zusätzlich auf einer Diskette zu sichern. Die Disketten mit Jahresdaten müssen, wenn die Daten nicht ausgedruckt wurden, - für Nachprüfungsmöglichkeiten durch das Finanzamt in späteren Jahren - zehn Jahre aufbewahrt werden. Auch im Fall einer Festplattenbeschädigung oder eines Stromausfalls lassen sich auf Basis dieser Diskettensicherungen die alten Bestände rekonstruieren.

Monatsabschlüsse bereinigen nach dem Monatsende die reinen Monatsdaten. Sie ermöglichen dann anschließend eine neue Monatsrechnung.

Im Jahresabschluß werden dann die Datenbanken für eine weitere Bearbeitung im neuen Jahr vorbereitet. Alte Daten werden nach Diskettensicherung gelöscht, Kassenbestände vorgetragen.

Mittels einer Wiederherstellung lassen sich Daten vereinfacht von Disketten auf die Festplatte in das Anwendungsprogramm zurückkopieren (siehe oben).

Hinweis auf JOKO-EA

Auch ich mußte mich bei der Erstellung meines Programms an den Marktgegebenheiten orientieren.
Um eine möglichst branchenunabhängige Nachfrage zu einem vernünftigen Preis-Leistungsverhältnis zu erzielen, mußte ich auf spezielle Dinge verzichten.

So wurde auch JOKO-EA auf der Basis der **steuerlichen** Bedingungen erstellt.

Da nicht nur Gewerbetreibende mit der Software arbeiten werden, erfolgt eine erste Einschränkung bei den Warenbüchern:
Warenbücher bei **Ziel**käufen und **Ziel**verkäufen sind nicht vorgesehen, können aber vielleicht von findigen Anwendern unter dem Aspekt der Erfolgsneutralität doch mit erfaßt werden? Ansonsten wird in den Arbeitsanweisungen auf die einfachere Möglichkeit der Belegsammlung in diesen Punkten verwiesen, außerdem die Umsatzsteuerbehandlung erläutert.

Auch mein Käuferkreis wird stark von Nebenberuflern mit Umsatzsteuerfreiheit bestimmt sein!
O.a. **Steueraufzeichnungen** sind **für jede Einnahmen-** und **Ausgabenart** aufgrund der Differenzierungen im Rahmen der Ausgabeprotokolle "Alle EA-Buchungen" **möglich**. Allerdings handelt es sich - außerhalb der Warengruppierungsbereiche 5000 bis 7999 - um einzelne Bruttoaufzeichnungen jedoch mit zusätzlichem Ausweis der enthaltenen Steuer. Diese Aufzeichnungen erfüllen damit vielleicht nicht ganz formal die gesetzliche Vorgabe, ein **Nachweis** der Steuervorgänge ist aber in jedem Fall gegeben. Der Nettowert läßt sich jederzeit durch die o.a. Gegenüberstellung bei Bedarf ermitteln. Im Rahmen der Umsatzsteuer-Voranmeldungsdaten aber werden die **Netto-Umsätze** aus den einzelnen Gruppierungen angegeben!

(Kompensiert würde diese Einschränkung - soweit überhaupt gewünscht - dadurch, daß alle steuerpflichtigen Vorgänge auch in den Gruppierungen der Warenkonten erfaßt werden.)

Eine Ermittlung von baren Betriebseinnahmen per Differenz über **Kassenberichte** ist aufgrund der Weiterverarbeitung der Daten bis zur Gewinnermittlung hin technisch nicht machbar.

Aufzeichnungen von **Lohn- und Gehaltsabrechnungen** und Verzeichnisse der **Anlagegüter** fehlen in diesem Programm aus Kostengründen ebenfalls. Wie schon oben erwähnt, ist es sinnvoller, bei Bedarf entsprechende Programme zuzukaufen und die Aufzeichnungen von dort zu übernehmen.
Da der Wunsch, sich ein Zusatzprogramm zu beschaffen, vielleicht am ehesten bezüglich der Anlagenverzeichnisse besteht, möchte ich auf meine **Anlagenverwaltung** "JOKO-AVW" verweisen. Mit diesem Programm werden nicht nur o.a. Verzeichnisse erstellt, sondern die gesamte Anlagenbuchhaltung wird - soweit möglich auf Basis der gesetzlichen Bestimmungen - automatisiert. So werden u.a. auch die planmäßigen Abschreibungen vom System berechnet. Das Handbuch "Anlagenbuchhaltung mit PC" erläutert entsprechend auch die rechtlichen Hintergründe einer Anlagenbuchhaltung. Als Teile des Gesamtsystems "Unternehmensabrechnung - JOKO-UVW" sind Einnahmen-Überschußrechnung und Anlagenbuchhaltung integriert. Hier erfolgt auch eine automatische Erfassung dieser Betriebsausgaben aus der Anlagenbuchhaltung.

IV. Aufbau und Handling von "JOKO-EA"

Das zugrunde liegende Programm "JOKO-EA", Version 3., ist als Lizenzversion ohne Einschränkung beim Verlag dieses Buches erhältlich.

1. Zur Organisation

Hardwaremäßige Voraussetzung für die Arbeit mit diesem Programm ist ein IBM PC, XT oder AT bzw. ein 100% IBM-kompatibler PC mit einem Festplatten- und einem Diskettenlaufwerk, sowie einem Drucker.
Als Betriebssystem ist MS-DOS, Version 3.3 oder größer, erforderlich.
Um die erforderliche Anzahl Ihrer Dateien öffnen zu können, müssen Sie die beiden DOS-Dateien "CONFIG.SYS" und "AUTOEXEC.BAT" ändern.

Geben Sie in der "CONFIG.SYS" (unterhalb der "DEVICE"-Befehle) deshalb die folgenden zwei Befehle (je Zeile einer!) ein, bzw. ändern Sie die vorhandenen:
- "FILES=45"
- "BUFFERS=17"

In der AUTOEXEC.BAT wird ein Befehl (unterhalb des PATH-Befehls) ergänzt oder geändert:
- "SET CLIPPER=F40"

(Wenn eine ausreichende Zahl von Buffers und Files in Ihrer CONFIG.SYS vorhanden ist, reicht in der Regel der Befehl "SET CLIPPER=F40" auch vor dem Programmstart aus.)

Programminstallation

Bitte kopieren Sie zuerst die Programmdiskette(n) in ein Unterverzeichnis auf die Festplatte! Legen Sie dazu die Programmdiskette(n) in das Laufwerk ein, von dem Sie die Installation durchführen wollen.

Nach dem Laufwerkwechsel auf das Installationslaufwerk wird mit dem Befehl INSTALL die Software-Installation auf Ihrer Festplatte durchgeführt.

Nur bei einer erstmaligen Installation wird Ihr gewünschter Lizenzname abgefragt. Korrekturen Ihrer Eingaben werden am unteren Bildschirm abgefragt, beantworten Sie diese mit "J" (JA) oder "N" (NEIN). Dieser Lizenzname kann nach der Bestätigung mit "N" nicht mehr geändert werden!

Dann wird vom Programm ein Unterverzeichnis JOKO-EA angelegt (Vorgabe C:\JOKO-EA) und die Installation durchgeführt. Den Bereich Ihrer Festplatte und den Namen des Verzeichnisses können Sie entsprechend Ihren Wünschen abändern. Folgen Sie dabei den einzelnen Arbeitsanweisungen der Installation.
Der Name eines jeden (Unter-)Verzeichnisses darf nicht mehr als acht Zeichen haben. Der Zugriff auf den Festplattenbereich muß in jedem Fall wie in der Vorgabe angegeben sein. Schließen Sie Ihre Eingabe mit [Return], ([RET] - [Enter]) ab, wenn Sie nicht das gesamte Eingabefeld beschriften. Korrekturen Ihrer Eingaben werden am unteren Bildschirm abgefragt, beantworten Sie diese mit "J" (JA) oder "N" (NEIN).

Das Programm zeigt Ihnen dann nach dem Kopiervorgang den Abschluß der Installation an. Sie können das Programm mit jeder Eingabetaste beenden.

Eine zusätzliche Programmsicherung auf Disketten ist empfehlenswert!

Bitte legen Sie vor Aufnahme der Anwendung je nach Umfang der zu sichernden Datein eine oder mehrere formatierte Sicherungsdisketten für die späteren Zwischensicherungen an! Außerdem benötigen Sie formatierte Disketten für die jeweiligen Monatssicherungen und die Jahressicherung.

Programm-Aufruf

Gestartet wird das Programm aus dem Unterverzeichnis mit dem Befehl "EA".

C> "CD JOKO-EA" (bzw. "EA...") [RETURN]
C:\JOKO-EA> EA" [RETURN]

2. Arbeitsanweisungen

2.1. Hauptmenü

Nach dem Aufruf des Programms mit "EA" aus dem Unterverzeichnis Ihrer Festplatte erscheint zur Bestätigung der richtigen Auswahl das folgende Titelbild:

```
                    joko - einnahmen/ausgaben-rechnung
                             mit Kassenführung

                         Joachim Koch, Paderborn

                               Version 0.00

                      Copyright 1993 by Joachim Koch
               Lizenznehmer: XXXXXXXXXXXXXXXXXXXXXXXXXXXX


                              Bitte weiterblättern mit einer Taste!
```

Weitergeblättert wird mit irgendeiner Zeichen-, Ziffern- oder Funktionstaste.

Ab dem folgenden Bild ist der Bildschirm jeweils viergeteilt.

Im oberen Rahmen erscheint der Name der EA, später der Programmteil, in dem Sie gerade arbeiten.

Im mittleren Rahmen werden die umfangreicheren Menüauswahlmöglichkeiten dargestellt, oder es erfolgt hier die Angabe bzw. Bearbeitung von Daten.

Der untere Rahmen beinhaltet grundsätzlich die Auswahlpunkte eines Menüs.

In der Zeile unter dem Rahmen werden Hinweise gegeben oder Abfragen durchgeführt.

Achten Sie jeweils auf die Cursorstellung und die unterlegten Felder! Der so angesteuerte Programm- oder Datenpunkt steht zur Bearbeitung an.

Wird bei der Bearbeitung ein Datenfeld nicht voll beschrieben, so wird mit der Return- oder Entertaste ("RET") das Datenfeld bestätigt und das nächste angewählt.

Bevor Sie nun mit der EA erstmalig beginnen können, müssen Sie die folgende Code-Eingabe vornehmen. Nach Eingabe können Sie diese - siehe Hinweiszeile - ändern, wenn Sie die Korrekturabfrage mit "J" (Groß- oder Kleinbuchstabe) beantworten. Mit "N" (Groß- oder Kleinbuchstabe) bzw. mit der "RET"-Taste legen Sie das Codewort fest.

```
joko - einnahmen/ausgaben-rechnung          Datum: 00.00.00
Code-Eingabe vor Aufnahme der Bearbeitung

Geben Sie als Bearbeitender Ihren persönlichen Code ein,
damit kein Unbefugter Ihre Abrechnungssysteme ändern kann!
(Alle acht Zeichen müssen beschrieben sein!)

Dieser Code kann später nicht mehr geändert werden!
(Ausnahme: Durch Löschung der Datei 'UVW.MEM'.)


Prägen Sie sich Ihren Code gut ein, da auch Sie sonst
von der Bearbeitung ausgeschlossen sind!

Code:   xxxxxxxx

Korrektur (J/N)? N
```

Das erste "alltägliche" Bild verlangt dann jeweils die Eingabe des Codes zum Buchführungsbeginn (Darstellung nur verdeckt). Bei fehlerhaften Eingaben wird das Programm beendet!

Sodann zeigt es Ihnen den Namen des Buchführenden (und Lizenznehmers) an, später vervollständigt um eine Informationszeile (z.B. Steuernummer).

Das markierte Datumsfeld kann nun auf ein bestimmtes Buchungsdatum hin geändert werden. Ansonsten betätigen Sie das vorgegebene Datum mit "RET". Auch hier besteht die o.a. Korrekturmöglichkeit über die Hinweiszeile.

Geben Sie dann - aber nur bei Inbetriebnahme möglich - die Ziffer Ihres ersten Buchungsmonats ein!

```
joko - einnahmen/ausgaben-rechnung          Datum: 00.00.00

Benutzer-Code:        ********

Buchführender:        Harry Müller
                      0000/0000/0000


Buchungsdatum:        00.00.00

Buchungsmonat:         1


Bestätigung mit einer Taste!
```

Bei **späteren Bearbeitungen** wird auf das Bild des Hauptmenüs dann wiederum mit einer Taste weitergeblättert (siehe unten).

Vor einer **ersten Bearbeitung** allerdings erfragt das System in der Hinweiszeile, ob Eröffnungsbestände Ihrer **Kassen** eingegeben werden sollen. Vorgesehen sind bis zu neun Kassen. Geben Sie nur die Eröffnungsbestände für die Anzahl der von Ihnen gewünschten Kassen ein, und merken Sie sich die zugeordnete Nummer der Kasse. Innerhalb der Stammdaten können Sie dann Kassennamen Ihrer Wahl vergeben.

Antworten Sie mit "J" (Groß- oder Kleinbuchstabe), so haben Sie anschließend die Möglichkeit der Eingabe:

```
joko - einnahmen/ausgaben-rechnung        Datum: 00.00.00
Eingabe von Eröffnungsbeständen bei Ersteingabe

Nummer der Kasse :  1
Name der Kasse   :  Hauptkasse
Eröffnungsbestand:          0.00

Korrektur/Eingabe          +          -          Ende

Eröffnungsbestand eingeben oder korrigieren
```

Korrektur / Eingabe: Es erfolgt die Eingabe- oder die Korrekturmöglichkeit des Eröffnungsbestandes (Anzeige der ersten Kasse).

- u. +: Mit diesen Punkten wird jeweils eine Kasse zurück- bzw. vorgeblättert.

Ende: Dieser Menüpunkt beendet nach der oben beschriebenen Sicherungsmöglichkeit die Eingabe von Eröffnungsbeständen und führt Sie zur ersten Buchung.

Mit den Pfeiltasten und der "RET"-Taste oder mit Eingabe des ersten Buchstabens (allerdings ohne Hinweise in der letzten Zeile) können Sie nun das von Ihnen gewünschte Teilprogramm auswählen.

Die Auswahl aus den weiteren Menüs geschieht auf die gleiche Art und Weise!

```
joko - einnahmen/ausgaben-rechnung          Datum: 00.00.00
Hauptmenü

Geschäftsvorfälle/Kassenbuch
Unbare Geschäftsvorfälle

Stammdaten

Bildschirminformationen
Ausdrucke

Abschlüsse - Dateiorganisation
Installation der Software

Programmende

Bitte mit Pfeiltasten und RET auswählen!
```

2.2. Installation der Software

```
joko - einnahmen/ausgaben-rechnung          Datum: 00.00.00
Software-Installation

Name                         :   XXXXXXXXXXXXXXXXXXXXXX
Postleitzahl                 :   33102
Ort                          :   Paderborn
Straße                       :   S.weg 13
Steuernummer                 :   0000/0000/0000
   oder ähnliche Eingabe

Bearbeitungs-Verzeichnis:        C:\JOKO-EA
Sicherungs-Laufwerk          :   A:

Farbmonitor                  :   1
   (ja = 1, nein = 0)

Bitte geben Sie Ihre Daten ein!
```

Geben Sie nun die gewünschten Daten ein (Cursor-Stellung)!

Bestätigen Sie jede Eingabezeile, falls die Zeile nicht voll beschrieben wurde, mit "RET".

In das zweite Bild und auf die Ausdrucke werden die Namens- und Steuernummer-Zeile übernommen.

Achtung: Ändern Sie auf keinen Fall den vorgegebenen Namen! Dieser muß mit dem Namen des Lizenznehmers übereinstimmen, sonst zerstört sich das Programm!

Als Bearbeitungsverzeichnis bestätigen Sie das vom System als Vorschlag vorgegebene Programm-Unterverzeichnis Ihrer Festplatte (bei der Installation mit "Install" wurde dieses genannte Verzeichnis angelegt), oder geben Sie hier das von Ihnen angelegte Unterverzeichnis in gleicher Form "Festplatte:\Name" ein.

Im nächsten Punkt wählen Sie bei mehreren zur Verfügung stehenden Diskettenlaufwerken das Laufwerk aus, auf dem Sie die Sicherungen bzw. Wiederherstellungen (Beschreibung erfolgt später) vornehmen wollen.

Bei beiden Punkten können Groß- oder Kleinbuchstaben eingegeben werden!

Nach Eingabe der "1" in der Zeile "Farbmonitor" wird nach dem Verlassen dieses Installationsbildes auf die farbige Darstellung umgeschaltet.

Sie können - siehe Hinweiszeile - die eingegebenen Daten jeweils ändern, wenn Sie die Korrekturfrage mit "J" (Groß- oder Kleinbuchstaben) beantworten. Mit "N" (Groß- oder Kleinbuchstaben) bzw. mit der "RET"-Taste beenden Sie vorerst die Installation.

2.3. Stammdaten

Mit diesem Menüpunkt haben Sie die Wahl, die vier möglichen Stammdaten-Dateien anzupassen. Die jeweilige Datei wird in der Menüzeile angewählt. Mit "Ende" gelangen Sie ins Hauptmenü zurück.

```
joko - einnahmen/ausgaben-rechnung              Datum: 00.00.00
Stammdatenanpassungen

Buchungsstammtexte Zuordnung. Kassenzuordnung. Steuer Ende
Änderung der Buchungsstammtexte
```

2.3.1. Buchungsstammtexte

"Buchungsstammtexte" ermöglichen Ihnen später bei der Eingabe von immer gleichen Erläuterungstexten bei den Buchungen auf in dieser Datei gesammelte fünfzehn Stammtexte zurückzugreifen.

```
joko - einnahmen/ausgaben-rechnung        Datum: 00.00.00
Buchungsstammsätze

Mögliche Buchungstexte
Auswahl  Text

   a     Briefmarken

Korrektur/Eingabe        +        -        Ende

Buchungsstammtext eingeben oder korrigieren
```

Korrektur / Eingabe - Dieser Punkt ermöglicht Ihnen die Korrektur des angezeigten Datensatzes oder - falls noch kein Text eingegeben wurde - die Neueingabe. Aus Sicherheitsgründen läßt sich der Auswahlbuchstabe nicht ändern!

- u. + - Mit diesen Menüpunkten blättern Sie jeweils einen Datensatz weiter zurück oder vor.

Ende - Dieser Programmpunkt führt Sie nach einer Sicherungsmöglichkeit zum o. a. Stammdaten-Menü zurück.

Wie nach jeder Beendigung von Eingaben oder Änderungen erfolgt vor der Rückkehr ins höhere Menü die Möglichkeit der Datensicherung. Das Menü ist jeweils das gleiche, wie hier angegeben.

2.3.2. Steuern

Nach Anwahl des Programmteils "Umsatzsteuer" entscheiden Sie sich bitte in einem Zwischenmenü (hier nicht dargestellt), ob Sie den Bereich wirklich bearbeiten wollen, oder bestätigen Sie mit dem Menüpunkt "Ende", daß dieser Programmteil fälschlicherweise gewählt wurde!

Wenn Sie eine Bearbeitung wünschen, erscheint folgendes Bild:

```
joko - einnahmen/ausgaben-rechnung          Datum: 00.00.00
Steuerdaten

Steuerdatei
Steuerschlüssel    Steuersatz    Brutto/Netto

      U15              15.00            B

Korrektur/Eingabe          +        -          Ende
Einen Stammtext vorblättern.
```

Mit dem Menüpunkt "+" können Sie jeweils um eine der acht möglichen Steuerverbindungen weiterblättern.

Mit dem Menüpunkt "-" blättern Sie jeweils zurück.

Der Menüpunkt "Korrektur/Eingabe" erlaubt Ihnen dann den jeweils angezeigten Datensatz zu ändern bzw. neu einzugeben.

Die Schlüssel für die Umsatzsteuer/Mehrwertsteuer müssen mit einem "U" beginnen, die der Vorsteuer mit einem "V". Die Ziffern sind dann die Schlüsselnummer (hier: z.B. 15 = 15%).

Dieser Schlüssel muß später bei der Einrichtung der Zuordnungen berücksichtigt werden, bei deren Bebuchung die Steuer automatisch berechnet und gebucht werden soll!

Es folgt die Prozentzahl des Steuersatzes mit zwei Dezimalstellen.

Mit "B" oder "N" (Groß- oder Kleinbuchstaben) haben Sie die Möglichkeit, die Steuerberechnungsbasis vorzugeben. Bei einem "B" wird die Steuer aus einem gebuchten Bruttobetrag herausgerechnet, bei "N" wird die Steuer auf einen gebuchten Nettobetrag berechnet.

Mit dem Menüpunkt "Ende" wird die Bearbeitung der Umsatzsteuer-Stammdaten beendet.

Sie können dann über das o.a. Zwischenmenü nochmals Eingaben durchführen, oder Sie verlassen diesen Programmteil mit "Ende".

2.3.3. Zuordnungen

"Zuordnungen" oder Differenzierungen schaffen eine Möglichkeit, Ihre Zahlungen bestimmten Bereichen (z.B. Warengruppen) zuzugliedern und später auch danach auszuwerten.

Solange Sie das Menü "Zuordnungen" noch nicht bearbeitet bzw. kein vorgegebenes Organisationsschema übernommen haben, besteht die Möglichkeit, zur Erleichterung Ihrer Arbeit einen von zwei Zuordnungsvorschlägen zu kopieren.
Ein Schema entspricht mit ca. 200 Differenzierungen dem Beispiel in der Anlage des Buches. Das zweite enthält ca. 55 Nennungen; es orientiert sich an den Zuordnungsgruppierungen (bis zur zweiten Ziffer der Zuordnungsnummern).

Es erfolgt deshalb bei Erstaufruf das folgende Angebot zur eventuellen Übernahme eines der Schemata.

```
joko - einnahmen/ausgaben-rechnung          Datum: 00.00.00
Übernahmemöglichkeit von Zuordnungen

Sie haben nur jetzt vor der ersten Bearbeitung von Zuord-
nungen (Einnahmen-/Ausgabendifferenzierungen) die Mög-
lichkeit auf Organisationsschemata, wie in der Buch-Anla-
age als Beispiel beschrieben, zuzugreifen:

Übernahme des ausführlichen Schemas (201 Zuordnungen) = 1
Übernahme des gekürzten Schemas (ca. 55 Zuordnungen) = 2
Keine Übernahme - Aufbau eines eigenen Schemas = 3

Nicht benötigte Zuordnungen sollten sie anschließend lö-
schen,da sich das Verarbeitungstempo bei hoher Zuord-
nungsanzahl verringert!
                  Auswahl: 0

Korrektur (J/N)? N
```

Ihre Auswahl können Sie mit "J" korrigieren oder die Übernahme mit "N" einleiten.
Sie erhalten dann die Aufforderung: "Übernahme wird durchführt / Aufbau vorbereitet. Bitte warten!"

Nach Anwahl des Programmteils "Zuordnungen" entscheiden Sie sich bitte in einem Zwischenmenü (hier nicht dargestellt), ob Sie neue Zuordnungen eingeben wollen, oder ob Sie Zuordnungen ändern wollen. Mit dem Menüpunkt "Ende" bestätigen Sie, daß dieser Programmteil fälschlicherweise gewählt wurde!

Hinweise zu den Warenbüchern und zur Umsatzsteuer:

Gewerbetreibende die Teile ihrer **Wareneingangs-** und **Warenausgangsbücher** mit dieser Einnahmen-Ausgabenrechnung erfassen wollen, müssen für die einzelnen Produktarten der Verkäufe folgende Zuordnungsmöglichkeiten reservieren:

- für Wareneingänge die Zuordnungsnummern 6000 bis 7999
- für Warenausgänge die Zuordnungsziffern 5000 bis 5999.
  - -- für den Verkauf z.B. Produktart A 5100; Produktart B 5200 usw.;
  - -- für den Einkauf z.B. Waren X 7000; Rohstoff Y 6000.

Nur Positionen mit diesen Zuordnungen werden als Waren erkannt und können mit den jeweiligen Nettopreisen ohne Umsatzsteuer ausgedruckt werden - (siehe auch Kapitel "Ausdrucke")!

Umsatzbesteuerung nach vereinbarten Entgelten:
(Siehe auch im Abschnitt "Buchungseingaben")
Soweit Sie Ihre Umsätze nach vereinbarten Entgelten versteuern - diese Besteuerung wurde bei den umsatzsteuerlichen Aufzeichnungen beschrieben - sind bedingt durch Zielverkäufe weitere Zuordnungsziffern für jede Produktart erforderlich. Das folgende Beispiel gilt für **Nicht-Gewerbetreibende** entsprechend.
Sie benötigen eine Ziffer mit Steuerfunktion für Warenzu- und -abgänge, die gleichzeitig Ausgabe bzw. Einnahme sind, sowie eine Ziffer ohne Steuerfunktion für Warenzu- und -abgänge, die vorher Zielkäufe bzw. Zielverkäufe waren, außerdem eine Ziffer für die Ausgabe (Vorsteuer) und die Einnahme (Umsatzsteuer) ohne Steuerfunktion außerhalb der Zuordnungsziffern 5.000 bis 7.999.

Beispiel:
Warenverkauf X (Einnahme) - Zuord.-Nr. 5100 (einschließlich USt-Funktion);
Warenverkauf X (vorher Zielverkauf/Einnahme) - Zuord.-Nr. 5101 (ohne USt-Funktion);
USt (Einnahme) - Zuord.-Nr. 51 (ohne USt-Funktion).

Das Beispiel zeigt, daß eine Versteuerung nach vereinbarten Entgelten weitaus komplizierter ist, als eine Versteuerung nach vereinnahmten Entgelten. Soweit möglich sollte letztere beantragt werden!

Gemäß den **Vorschriften** für die Aufzeichnungen in Warenbüchern sollte die Bezeichnung der Zuordnung die handelsübliche Bezeichnung der Ware beinhalten.

2.3.3.1. Neueingabe

```
joko - einnahmen/ausgaben-rechnung            Datum: 00.00.00
Neueingabe von Buchungszuordnungen

Buchungszuordnungen
Zuord...nummer Zuord...name        Steu...-USt Steu...-VSt

 7100          Warengruppe 1                   V15

Korrektur der Eingabe   Weitere Eingabe   Eingabeende

Bitte mit Pfeiltasten und RET auswählen!
```

Zur Neueingabe von Konten werden im mittleren Rahmen folgende Positionen abgefragt:

Zuordnungsnummer - Hier ist jeweils eine fünfstellige Nummer zur Übertragung der Daten vorgesehen. Selbstverständlich können auch kürzerziffrige Kennungen für gewünschte Zuordnungsgruppen vorgesehen werden. Ist die gewünschte Nummer schon vergeben, liefert das System in der Hinweiszeile eine Fehlermeldung. Diese bestätigen Sie mit der "Leertaste" und geben dann eine neue Nummer ein.

Zuordnungsname - Geben Sie hier den gewünschten Namen des Zuordnungsbereiches ein! Nach der Eingabe können Sie diese - aus Sicherheitsgründen jedoch nicht die Zuordnungsnummer - korrigieren, Sie können weitere Zuordnungen treffen, oder Sie können über den Menüpunkt "Eingabeende" das Eingabemenü verlassen.

Steuerschl.-USt - An dieser Stelle wird die Verbindung zur automatischen Umsatzsteuerberechnung bei einer Buchung über diesen Posten vorgesehen. (Die Berechnung erfolgt später nur bei Eingaben im Einnahmenfeld.)

Geben Sie den gewünschten Steuerschlüssel U... (z.B. U15) nur ein, wenn bei der Buchung Umsatzsteuer berechnet werden soll.

Steuerschl.-VSt - Hier wird die Verbindung zur automatischen Vorsteuerberechnung bei einer Buchung über diesen Posten vorgesehen. (Die Berechnung erfolgt später nur bei Eingaben im Ausgabenfeld.) Geben Sie den gewünschten Steuerschlüssel V... (z.B. V15) nur ein, wenn bei der Buchung Vorsteuer berechnet werden soll.

2.3.3.2. Änderung

Auf dem Bildschirm erscheinen die eingegebenen Daten Ihrer ersten Zuordnung.

```
joko - einnahmen/ausgaben-rechnung          Datum: 00.00.00
Änderungen von Buchungszuordnungen

Buchungszuordnungen
Zuord...nummer Zuord...name        Steu...-USt Steu...-VSt

 7100          Warengruppe 1                   V15

Suchen  Korrektur  Löschen  +   -   Ende
Daten der angezeigten Zuordnung ändern.
```

In der Menüzeile werden Ihnen folgende Möglichkeiten geboten:

Suchen - Dieser Punkt führt Sie in ein weiteres Untermenü, in dem Sie mit dem Menüpunkt "**Zuordnung**" eine bestimmte Zuordnung suchen können.

Der Menüpunkt "**Anfang**" führt Sie zur ersten Zuordnung, der Menüpunkt "**Schluß**" zur letzten Zuordnung. Mit "**Ende**" - oder nach Anwahl der anderen Punkte kehren Sie auf die höhere Menüebene zurück.

Wählen Sie den Menüpunkt "**Zuordnung**", so müssen Sie eine entsprechende Zuordnungsziffer eingeben. Bei einer nicht vorhandenen Nummer erfolgt ein entsprechender Hinweis und nach Drücken der Leertaste die Rückkehr in das höhere Menü.

Korrektur - Dieser Punkt ermöglicht Ihnen die Korrektur des angezeigten Datensatzes. Aus Sicherheitsgründen läßt sich die Zuordnungsnummer jedoch nicht ändern!

Löschen - Falls eine Zuordnung gelöscht werden soll, erfolgt zur Sicherheit nochmals die Abfrage, ob Sie den angezeigten Posten wirklich löschen wollen. Bei der Anwort "J" (Groß- oder Kleinbuchstabe) wird er gelöscht. Die restlichen Posten werden neu indiziert. "N" führt Sie ins Menü zurück.

- u. + - Mit diesen Menüpunkten blättern Sie jeweils eine Zuordnung weiter zurück oder vor.

Ende - Dieser Programmpunkt führt Sie zum o. a. Zwischenmenü zurück.

Sie haben erneut die Möglichkeit der "Neueingabe", "Änderung (der Eingabe)", oder "Ende (des Zuordnungs-Menüs)".

2.3.4. Kassenzuordnungen

"Kassenzuordnungen" ermöglichen Ihnen, Ihre Vorfälle für maximal neun Kassen getrennt zu erfassen und später auszuwerten.

```
joko - einnahmen/ausgaben-rechnung          Datum: 00.00.00
Kassenzuordnungen


Mögliche Zuordnungen
Art      Zuordnung

 1       Hauptkasse


Korrektur/Eingabe         +        -        Ende

Zuordnung eingeben oder korrigieren
```

Korrektur / Eingabe - Dieser Punkt ermöglicht Ihnen die Korrektur des angezeigten Datensatzes oder - falls noch keine Kasse eingegeben wurde - die Neueingabe. Aus Sicherheitsgründen läßt sich die Ziffer der Kasse nicht ändern!

- u. **+** - Mit diesen Menüpunkten blättern Sie jeweils einen Datensatz weiter zurück oder vor.

Ende - Dieser Programmpunkt führt Sie zum o.a. Stammdaten-Menü zurück.

2.4. Geschäftsvorfälle/Kassenbuch

Allgemeine Hinweise zu Eingaben

Bei Eingaben müssen grundsätzlich alle Felder, die vom Programm abgefragt werden, mit einer Eingabe versehen werden. Bei den Feldern, die hinter der Eingabemarkierung mit einem Stern versehen sind (entsprechender Text in der Hinweiszeile), bedeutet eine "0" bzw. ein leeres, mit "RET" bestätigtes Feld, daß Sie ein Hilfsverzeichnis in Anspruch nehmen wollen.

```
joko - einnahmen/ausgaben-rechnung          Datum: 00.00.00
Bare Geschäftsvorfälle

Datum                  : 00.00.00
Beleg-Nr.              :     1
Buchungstext           :                          *)
Einnahmen              :          0.00
Ausgaben               :          0.00
Anlagenkauf   (J/N)    : N
Kassen-Zuordnung       : 0    *)
Kassen-Beleg-Nr.       :     1
Buchungs-Zuordnung     :     0    *)
Steuerfunktion         :
USt/VSt                :

*) Stammtexte: keine Eingabe im jeweiligen Feld
```

```
joko - einnahmen/ausgaben-rechnung          Datum: 00.00.00
Bare Geschäftsvorfälle

Datum                  : 00.00.00         Mögl. Buchungs-Zuord.
Beleg-Nr.              :     1            Nummer   Buch.-Zuord.
Buchungstext           :                    7100   Warengruppe 1
Einnahmen              :          0.00     90000   Diverses
Ausgaben               :          0.00
Anlagenkauf   (J/N)    : N
Kassen-Zuordnung       : 0    *)
Kassen-Beleg-Nr.       :     1
Buchungs-Zuordnung     :     0    *)
Steuerfunktion         :
USt/VSt                :

                                          Seite+ Beginn Auswahl
```

Bei dem Hilfsmenü "Buchungs-Zuordnungen" besteht die Möglichkeit, mit dem Menüpunkt "**Seite +**" jeweils eine Anzeige-Seite weiter zu blättern, mit "**Beginn**" zum Anfang zurückzukehren und mit "**Auswahl**" eine entsprechende Auswahl zu treffen.

Bei den Hilfsmenüs "Buchungstexte" und "Kassen" erfolgt nur eine Auswahl, da alle Anzeigen (15 bzw. 9 Anzeigen) in einem Bild erfolgen können.

In allen drei Hilfsmenüs erfolgt bei versehentlicher Eingabe ein Fehlerhinweis. Nach dem Bedienen der Leertaste kann eine neue Auswahl getroffen werden.

Nach der gesamten Eingabe wird in der Hinweiszeile in bekannter Weise abgefragt, ob die Eingaben zu korrigieren sind. Eine mögliche Korrektur kann dann durchgeführt werden.

Anschließend werden Sie über ein weiteres Menü aufgefordert, eine weitere Buchung einzugeben (**Weitere Buchung**), die gerade durchgeführte und noch nicht gespeicherte Buchung zu löschen (**Abbruch der Buchung**) oder die Buchungseingabe zu beenden (Buchungsende).

Zahlungseingaben

Buchungsdatum: Hier wird Ihnen das im Eingangsmenü vorgesehene Buchungsdatum vorgegeben. Änderungen sind möglich.

Beleg-Nr.: Das Programm zählt automatisch mit jeder Buchung die Belegnummer weiter. Auch diese läßt sich z.B. bei mehreren Buchungen zu einem Beleg ändern.

Buchungstext: Hier sind kurze Erläuterungen der Eingaben vorgesehen. Es besteht die Möglichkeit, mit einem Leerfeld und "RET" die fünfzehn Buchungsstammtexte in einem Unterverzeichnis anzufordern. Wählen Sie dann den entsprechenden Auswahlbuchstaben aus. Der angezeigte Text wird als Buchungstext übernommen.

Einnahmen: Hier geben Sie entweder den gewünschten Einnahmenbetrag ein. - Der Betrag wird linksbündig geschrieben. Bei der Wahl einer Dezimalstelle durch den Punkt oder bei "RET" wird der Betrag automatische auf die richtige Stelle geschrieben. - **Korrekturen** von Einnahmen bei **späteren Korrekturbuchungen** geben Sie bitte immer wegen der notwendigen

Umsatzsteuerkorrektur als **Einnahmen mit einem Minusszeichen** vor dem Betrag ein! Nur beim Einnahmenfeld wird der Steuerschlüssel aktiviert. Beim Verkauf oder der Entnahme von nicht abnutzbarem Anlagevermögen wird zuerst die Einnahme über die Einnahmenposition (mit USt-Schlüssel) gebucht. Dann folgt in einer zweiten Buchung die Betriebsausgabe des Netto-Einkaufspreises als Ausgabe (ohne Umsatzsteuer) über die gleiche Zuordnung. (Die Buchungen dürfen nicht in einer zusammengefaßt werden, da sonst wegen der Ausgabe keine Umsatzsteuer berechnet würde.)
Eine entsprechende Buchung erfolgt beim abnutzbaren Anlagevermögen, wenn noch eine Restabschreibung oder ein Restbuchwert als Betriebsausgabe zu berücksichtigen sind.

Ausgaben: Oder Sie geben hier den gewünschten Ausgabenbetrag ein. - Der Betrag wird linksbündig geschrieben. Bei der Wahl einer Dezimalstelle durch den Punkt oder bei "RET" wird der Betrag automatische auf die richtige Stelle geschrieben. - **Korrekturen** von Ausgaben bei **späteren Korrekturbuchungen** geben Sie bitte immer wegen der notwendigen Vorsteuerkorrektur als **Ausgaben mit einem Minusszeichen** vor dem Betrag ein! Nur beim Ausgabenfeld wird der Steuerschlüssel aktiviert.

Anlagenkauf: Hier geben Sie bitte ein 'J' ein, wenn Sie einen Anlagenkauf getätigt haben. Nur dann wird die Netto-Auszahlung bei der steuerlichen Gewinnermittlung - wie nach § 4(3) EStG gefordert - nicht berücksichtigt, aber die Vorsteuer als Betriebsausgabe gebucht.

Kassen-Zuordnung: Mit dieser Zuordnung rechnen Sie den Zahlungsvorgang einer bestimmten Kasse (von neun möglichen Kassen) z.B. für Auswertungszwecke zu. Auch hier besteht die Möglichkeit, mit einer "0" oder einem Leerfeld und "RET" die Kassen in einem Unterverzeichnis anzufordern. Wählen Sie dann die entsprechende Auswahlziffer aus. Die angezeigte Ziffer und die Kassenbezeichnung werden in die Eingabe übernommen.

Kassen-Beleg-Nr.: Das Programm zählt automatisch mit jeder baren Buchung die Kassen-Belegnummer weiter. Auch diese läßt sich z.B. bei mehreren Buchungen zu einem Beleg ändern.

Buchungs-Zuordnung: Mit dieser Zuordnung rechnen Sie den Zahlungsvorgang einem bestimmten Bereich, z.B. Einteilung nach Warengruppen, für Auswertungszwecke zu. Auch hier besteht die Möglichkeit, mit einer "0" oder einem Leerfeld und "RET" die Buchungs-Zuordnungen in einem Unterverzeichnis anzufordern. Wählen Sie dann die entsprechende Auswahlziffer aus. Die angezeigte Ziffer und die Zuordnungsbezeichnung werden in die Eingabe übernommen.

Steuerfunktion: Hier informiert Sie das System, wenn auf der Zuordnung eine Kontenfunktion eingegeben ist.

USt/VSt: In dieser Zeile wird der jeweilige ermittelte und gebuchte Steuerbetrag angezeigt. (Bezüglich der Umsatzsteuer nach vereinnahmten bzw. vereinbarten Entgelten gilt der folgende Hinweis entsprechend auch für Nicht-Gewerbetreibende!)

Hinweise zu Warenbüchern und zur Umsatzsteuer:

Gewerbliche Unternehmer müssen - wie oben beschrieben - ihre Waren-, Werkstoffkäufe und Käufe von unfertigen Produkten im **Wareneingangsbuch** erfassen. Soweit sie überwiegend an Wiederverkäufer verkaufen, ist ebenfalls der **Warenausgang** zu dokumentieren.

Gewerbetreibende die also später die im Programm enthaltenen Einnahmen-Ausgaben-Warenbücher ausdrucken wollen, können auf folgende Art und Weise die gesetzlichen Vorgaben erfüllen:
Geben Sie als Buchungstext ein Kürzel (z.B. Kurzname und Ort) Ihres Lieferanten oder Abnehmers ein. (Belegnummer und Rechnungs- oder Lieferungsdatum sind vorgesehen; die Warenbezeichnung erfolgt über die Zuordnungsnummer.) Erstellen Sie eventuell außerhalb des Programms z.B. mit einem Adreß- oder Textprogramm zu den Kürzeln eine Liste Ihrer Lieferanten und Kunden, da es sich in der Regel um Stammkunden und -lieferanten handeln wird.

(Für die Produktarten der Verkäufe wurden in diesem System die Zuordnungsmöglichkeiten von 5000 bis 5999 vorgesehen; für den Einkauf die Zuordnungsmöglichkeiten 6000 bis 7999. Nur entsprechend dieser Zuordnungen können die Warenbücher mit den jeweiligen Nettopreisen ohne Umsatzsteuer ausgedruckt werden!)

Allerdings ergibt sich bei der Nutzung dieser EDV-Warenbücher ein Problem:
Das vorliegende Programm erfaßt seinem Zweck entsprechend nur Vorgänge, die gleichzeitig Betriebseinnahmen oder Betriebsausgaben sind. Zieleinkäufe und Zielverkäufe - sowie die Umsatzsteuer nach vereinbarten Entgelten - werden hier nicht erfaßt!

Folgende Lösungen werden deshalb für diese Zielvorgänge vorgeschlagen:

a) für Unternehmer mit Umsatzsteuer nach vereinnahmten Entgelten

Diese Art der Besteuerung wurde bei den umsatzsteuerlichen Aufzeichnungspflichten näher beschrieben! Die Erfassung der **Umsatzsteuer** und **Vorsteuer** erfolgt hier unproblematisch mit der Zahlung.

Erfassen Sie als **Gewerbetreibender** die Zielein- und Zielverkäufe als **Zielwareneingangs-** oder **Zielwarenausgangsbuch** am besten als entsprechend vorerst gesonderte Belegsammlung oder aber in einer manuellen Liste mit Ergänzung der EDV-Warenbücher am Periodenende (Werte ohne Steuer!). Buchen Sie diese Vorgänge dann erst bei Zahlung. Sortieren Sie dabei die Belege von der gesonderten Sammlung um bzw. kürzen Sie diesen Vorgang als bezahlt in Ihrer manuellen Erfassung mit Ergänzung der EDV-Warenbücher am Periodenende.

b) für Unternehmer mit Umsatzsteuer nach vereinbarten Entgelten

Erfassen Sie die Zielvorgänge als Zielwareneingangs- oder Zielwarenausgangsbuch (auch als **Nicht-Gewerbetreibender**) am besten als vorerst gesonderte Belegsammlung oder aber in einer manuellen Liste mit Ergänzung der EDV-Warenbücher am Periodenende.
Ermitteln Sie die Daten der **Umsatzsteuer-Voranmeldung** aufgrund dieser Zielvorgänge und ergänzen Sie die EDV-Steuerdaten.
Buchen Sie diese Vorgänge dann erst bei Zahlung, jedoch auf entsprechende Waren-Zuordnungsziffern ohne Steuerfunktion zu Nettowerten ohne Steuer, denn die Steuer wurde schon erhoben. Der Steueranteil ist dann ebenfalls als Ausgabe oder Einnahme unter den "normalen" Zuordnungsnummern zu buchen.

Beispiel:
Warenverkauf X (Einnahme) - Zuord.-Nr. 5100 mit 11.500 DM (einschließlich USt);
Warenverkauf X (vorher Zielverkauf/Einnahme) - Zuord.-Nr. 5101 mit 10.000 DM (ohne USt-Berechnung), außerdem USt (Einnahme) - Zuord.-Nr. 51 mit 1.500 DM.

Sortieren Sie dabei die Belege von der gesonderten Sammlung um bzw. kürzen Sie diesen Vorgang als bezahlt in Ihrer manuellen Erfassung mit Ergänzung der EDV-Warenbücher am Periodenende.

Das Beispiel zeigt, daß eine Versteuerung nach vereinbarten Entgelten weitaus komplizierter ist, als eine Versteuerung nach vereinnahmten Entgelten. Soweit möglich, sollte letztere beantragt werden!

2.5. Unbare Geschäftsvorfälle

Die Eingabe der unbaren Geschäftsvorfälle erfolgt in der gleichen Form, wie bei den baren Vorfällen dargestellt.

Lediglich die Kassenzuordnung mit Hilfsmenü und die Kassenbelegnummer fehlen hier.

Bitte entnehmen Sie die Eingaben-Anforderungen den letzten Seiten.

```
joko - einnahmen/ausgaben-rechnung          Datum: 00.00.00
Unbare Geschäftsvorfälle

Datum                : 00.00.00
Beleg-Nr.            :    1
Buchungstext         :                              *)
Einnahmen            :          0.00
Ausgaben             :          0.00
Anlagenkauf    (J/N) : N


Buchungs-Zuordnung:       0   *)
Steuerfunktion         :
USt/VSt                :

*) Stammtexte: keine Eingabe im jeweiligen Feld
```

2.6. Bildschirminformationen

Mit diesem Programmteil lassen sich die unten benannten Bildschirmausgaben - getrennt nach den zu Beginn beschriebenen Aufzeichnungen - steuern:

```
joko - einnahmen/ausgaben-rechnung        Datum: 00.00.00
Bildschirm-Informationen

Kassenbuchhaltung Alle EA-Buchungen Gewinnermittlung Ende
Anzahl der Umsätze, usw.
```

2.6.1. Kassenbuch

Folgende Menüs sind möglich:

```
joko - einnahmen/ausgaben-rechnung        Datum: 00.00.00
Bildschirm-Informationen - Kassenverwaltung

Allg.Infos Kassenbest. Tagesums. Ges.-Journ. Jour./Kas...
Anzahl der Umsätze, usw.
```

Allgem. Infos: Hier werden organisatorische Informationen bereitgestellt. Beendet wird die Anzeige zur Rückkehr ins Informationsmenü mit irgendeiner Taste.

```
joko - einnahmen/ausgaben-rechnung          Datum: 00.00.00
Allgemeine Kassen-Informationen

Anzahl der Barumsätze             :        0

Anzahl der aktivierten Kassen     :        0

Letzte Belegnummer                :        0

Weiter: Bitte eine Taste drücken!
```

Die weiteren Bildschirminformationen sind entsprechend der Darstellung der folgenden Kassenbestände auf dem Bildschirm aufgebaut. Auf den Bildschirm-Abdruck wurde deshalb bei den Erläuterungen der weiteren Menüpunkte verzichtet:

Kassenbest.: In diesem Punkt können Sie sich alle Kassenbestände (Anfangsbestand, Umsatz, Endbestand) am Bildschirm anzeigen lassen.

Mit irgendeiner Zeichentaste kommen Sie ins o. a. Zwischenmenü zurück. Sie haben nun wieder die Möglichkeit, die anderen o. a. Menübereiche anzuwählen.

```
joko - einnahmen/ausgaben-rechnung          Datum: 00.00.00
Kassenbestände

Nummer  Name               Anfangsbest. Umsatz    Endbestand
-------------------------------------------------------------
     1  Hauptkasse                0.00       0.00        0.00







*** Gesamt ***                    0.00       0.00        0.00


Weiter mit irgendeiner Taste!
```

Tagesums.: Hier erhalten Sie Informationen über die Zahlungen eines bestimmten Tages.

Es können als Menüpunkte gewählt werden:
- **Gesamte Umsätze:** alle Umsätze des Tages
- **Kassenumsätze:** alle Tagesumsätze einer bestimmten Kasse
- **Zuordnungen:** alle Tagesumsätze einer bestimmten Zuordnung
- **Ende:** Rückkehr ins Informationsmenü

Tag, sowie gewünschte Kasse oder gewünschte Zuordnung werden jeweils in der Hinweiszeile abgefragt.

Die angezeigte Seite auf dem Bildschirm läßt sich wie folgt ändern:
Zurück: Die vorhergehende Seite der Buchungen wird aufgezeigt.
Vorwärts: Die folgende Seite wird dargestellt.
Beginn u. Schluß: Die erste bzw. letzte Buchungsseite wird aufgebaut.
- u. +: Es wird jeweils eine Buchung zurück- oder vorgeblättert.
Ende: Dieser Punkt führt Sie in das höhere Menü zurück.

Die Änderungen der Anzeigen erfolgen bei den weiteren Menüpunkten auf die gleiche Art und Weise, wie eben dargestellt. Auf die

Beschreibung der Anzeigen-Änderungen wurde deshalb ebenfalls bei den Erläuterungen der weiteren Menüpunkte verzichtet:

Ges.Journal: Hier erhalten Sie Informationen über alle Zahlungen.

Es können als Menüpunkte gewählt werden:
- **Buchung/Einzeln:** ausgewählte Zahlungen aufgrund einer bestimmten Belegnummer
- **Monatsjournal:** alle Zahlungen eines bestimmten Monats
- **Gesamtjournal:** alle Zahlungen bisher
- **Ende:** Rückkehr ins Informationsmenü

Belegnummer, sowie gewünschter Monat werden jeweils in der Hinweiszeile abgefragt.

Jour./Kas.: Hier erhalten Sie Informationen über alle Zahlungen bezüglich einer bestimmten Kasse.

Es können als Menüpunkte gewählt werden:
- **Monatsjournal:** alle Zahlungen eines bestimmten Monats über eine bestimmte Kasse
- **Gesamtjournal:** alle Zahlungen bisher über eine bestimmte Kasse
- **Ende:** Rückkehr ins Informationsmenü

Gewünschte Kasse, sowie gewünschter Monat werden jeweils in der Hinweiszeile abgefragt.

Zuord.: Hier erhalten Sie Informationen über alle Zahlungen bezüglich einer bestimmten Zuordnung (z.B. Warengruppe 1).

Es können als Menüpunkte gewählt werden:
- **Monatsjournal:** alle Zahlungen eines bestimmten Monats für eine bestimmte Zuordnung
- **Gesamtjournal:** alle Zahlungen bisher für eine bestimmte Zuordnung
- **Ende:** Rückkehr ins Informationsmenü

Gewünschte Zuordnung, sowie gewünschter Monat werden jeweils in der Hinweiszeile abgefragt.

2.6.2. Einnahmen/Ausgaben

Folgende Menüs sind möglich:

```
joko - einnahmen/ausgaben-rechnung          Datum: 00.00.00
Bildschirm-Informationen - Einnahmen/Ausgaben



Allgemeine Infos Ges.-Journal Summe/Zuordnungen ...

Anzahl der Umsätze, usw.
```

Die Bildschirminformationen entsprechen der Darstellung im Bereich der baren Vorfälle. Auf den Bildschirm-Abdruck wurde deshalb verzichtet.
Auch die Bearbeitung der Menüs erfolgt auf die gleiche Art und Weise wie oben dargestellt. Auf die Beschreibung wurde deshalb ebenfalls verzichtet.

Die Einzahlungen und Auszahlungen werden in diesem Menüpunkt als 'echte Einzahlungen und Auszahlungen' als Bruttowerte (einschließlich Steuer) erfaßt.

Das Gesamtjournal umfaßt alle Einzahlungen und Auszahlungen (einzeln, monatlich oder insgesamt).

'Summe/Zuordnungen' benennt die jeweiligen Summen Ihrer Vorfälle differenziert nach Zuordnungen (monatlich oder insgesamt).

'Journal/Zuordnung' erfaßt alle Vorfälle Ihrer gewünschten Zuordnung (monatlich oder insgesamt).

2.6.3. Gewinnermittlung

Folgende Menüs sind möglich:

```
joko - einnahmen/ausgaben-rechnung        Datum: 00.00.00
Bildschirm-Informationen - E/A (§4(3)EStG)

Allgemeine Infos Ges.-Journal Summe/Zuordnungen ...

Anzahl der Umsätze, usw.
```

Die Bildschirminformationen entsprechen der Darstellung im Bereich der baren Vorfälle. Auf den Bildschirm-Abdruck wurde deshalb verzichtet.
Auch die Bearbeitung der Menüs erfolgt auf die gleiche Art und Weise wie oben dargestellt. Auf die Beschreibung wurde deshalb ebenfalls verzichtet.

Die Einnahmen und Ausgaben werden in diesem Menüpunkt als steuerliche Betriebseinnahmen und Betriebsausgaben erfaßt - einschließlich der vorgenommenen o.a. Abschreibungen und Auflösungen von Anlagegütern.

Das Gesamtjournal umfaßt alle Betriebseinnahmen und Betriebsausgaben (einzeln, monatlich oder insgesamt).

'Summe/Zuordnungen' benennt die jeweiligen Summen Ihrer Vorfälle differenziert nach Zuordnungen (monatlich oder insgesamt).

'Journal/Zuordnung' erfaßt alle Vorfälle Ihrer gewünschten Zuordnung (monatlich oder insgesamt).

2.7. Druckausgaben

Mit diesem Programmteil lassen sich die unten benannten Ausdrucke - getrennt nach den zu Beginn beschriebenen Aufzeichnungen - steuern:

```
joko - einnahmen/ausgaben-rechnung          Datum: 00.00.00
Ausdrucke

Kassenbuch Alle EA-Buchungen Gewinnermittlung Warenb...
Bare Vorfälle und Kassenzuordnungen
```

2.7.1. Kassenbuch

Mit Wahl dieses Menüpunktes werden Sie aufgefordert, Ihren Drucker zu aktivieren.

Anschließend haben Sie die Möglichkeit, folgende Ausdrucke zu veranlassen.

Mit "Ende" gelangen Sie ins Hauptmenü zurück.

```
joko - einnahmen/ausgaben-rechnung          Datum: 00.00.00
Ausdrucke

              BITTE PAPIER IN DEN DRUCKER
               EINLEGEN UND EINSCHALTEN !

Jour A-Mo Zuord B-Mo Ges-Zu C-Mo Kass D-Mo Liqu F-Mo ...
Ausdruck des Gesamt-Journals
```

(Da die jeweilige Bearbeitung über weitere Untermenüs und Abfragen wie bisher geschieht, wird ab jetzt auf die Bildschirmanzeige der Arbeitsschritte verzichtet.
Die Ausdrucke ähneln außerdem dem folgenden Journal, so daß auf den Abdruck deshalb bei den Erläuterungen der weiteren Menüpunkte verzichtet wurde.)

Vor Beginn eines Ausdruckes wird zur Sicherheit nochmals in der Hinweiszeile abgefragt, ob der Drucker eingeschaltet ist.

Jour: Journal aller eingegebenen Zahlungsvorfälle, sortiert nach den Kassen-Belegnummern

```
=====================================================================
XXXXXXXXXXXXXXXXXXXXXX        0000/0000/0000        Datum: 00.00.00

KASSEN-JOURNAL                                      Seite:        1
=====================================================================

Beleg    Datum      Buchungstext          Ausgabe (-)     Kasse Zuord.
                                          Einnahme (+)
-------------------------------------------------------------------
     1 00.00.00   Briefmarken                    0.00         1  11111
     .     .           .                            .         .      .
     .     .           .                            .         .      .
     .     .           .                            .         .      .
-------------------------------------------------------------------
*** Gesamtsumme ***                              0.00
=====================================================================

                      ----------------------Druck-Ende
```

A-Mo: Journal aller eingegebenen Zahlungsvorfälle, sortiert nach den Belegnummern, jedoch nur bezogen auf den gewählten Monat

Zuord: Auswertung über die gesamten Zahlungssummen der einzelnen Zuordnungen

B-Mo: Auswertung über die gesamten Zahlungssummen der einzelnen Zuordnungen, jedoch nur bezogen auf den gewählten Monat

Ges-Zu: Auswertung über die Zahlungsvorgänge einer bestimmten Zuordnung

C-Mo: Auswertung über die Zahlungsvorgänge einer bestimmten Zuordnung, jedoch nur bezogen auf den gewählten Monat

Kass: Auswertung über die gesamten Zahlungssummen der einzelnen Kassen

D-Mo: Auswertung über die gesamten Zahlungssummen der einzelnen Kassen, jedoch nur bezogen auf den gewählten Monat

Liqu: Auswertung über die Zahlungsvorgänge (Umsätze) einer bestimmten Kasse

F-Mo: Auswertung über die Zahlungsvorgänge (Umsätze) einer bestimmten Kasse, jedoch nur bezogen auf den gewählten Monat.

Stat: Auswertung über die Zahlungsvorgänge (Umsätze) einer bestimmten Kasse und einer bestimmten Auswertung

H-Mo: Auswertung über die Zahlungsvorgänge (Umsätze) einer bestimmten Kasse und einer bestimmten Auswertung, jedoch nur bezogen auf den gewählten Monat

Wert: Aufstellung aller Kassen-Anfangsbestände, Kassen-Umsätze und Kassen-Endbestände

2.7.2. Einnahmen/Ausgaben

Mit Wahl dieses Menüpunktes werden Sie aufgefordert, Ihren Drucker zu aktivieren.

Anschließend haben Sie die Möglichkeit, folgende Ausdrucke zu veranlassen.

Mit "Ende" gelangen Sie ins Hauptmenü zurück.

```
joko - einnahmen/ausgaben-rechnung          Datum: 00.00.00
Ausdrucke

              BITTE PAPIER IN DEN DRUCKER
               EINLEGEN UND EINSCHALTEN !

Journal  A-Monat  Zuordnung  B-Monat  Gesamt-Zuordnung...
Ausdruck des Gesamt-Journals
```

(Da die jeweilige Bearbeitung über weitere Untermenüs und Abfragen wie im Bereich Kassenbuch geschieht, wird auf die Bildschirmanzeige der Arbeitsschritte verzichtet.

Die Ausdrucke ähneln außerdem dem dort aufgeführten Gesamtjournal, so daß auch auf den Abdruck bei den Erläuterungen der weiteren Menüpunkte verzichtet wurde.)

Vor Beginn eines Ausdruckes wird zur Sicherheit nochmals in der Hinweiszeile abgefragt, ob der Drucker eingeschaltet ist.

Die Einzahlungen und Auszahlungen werden als 'echte Einzahlungen und Auszahlungen' als Bruttowerte (einschließlich Steuer) erfaßt.

Journal: Journal aller eingegebenen Einzahlungen und Auszahlungen, sortiert nach den Belegnummern

A-Monat: Journal aller eingegebenen Einzahlungen und Auszahlungen, sortiert nach den Belegnummern, jedoch nur bezogen auf den gewählten Monat

Zuordnung: Auswertung über die gesamten Einzahlungen und Auszahlungen der einzelnen Zuordnungen

B-Monat: Auswertung über die gesamten Einzahlungen und Auszahlungen der einzelnen Zuordnungen, jedoch nur bezogen auf den gewählten Monat

Ges-Zuordnung: Auswertung über die Einzahlungen und Auszahlungen einer bestimmten Zuordnung

C-Monat: Auswertung über die Einzahlungen und Auszahlungen einer bestimmten Zuordnung, jedoch nur bezogen auf den gewählten Monat

2.7.3. Gewinnermittlung

Mit Wahl dieses Menüpunktes werden Sie aufgefordert, Ihren Drucker zu aktivieren.

Anschließend haben Sie die Möglichkeit, folgende Ausdrucke zu veranlassen.

Mit "Ende" gelangen Sie ins Hauptmenü zurück.

```
joko - einnahmen/ausgaben-rechnung        Datum: 00.00.00
Ausdrucke

            BITTE PAPIER IN DEN DRUCKER
             EINLEGEN UND EINSCHALTEN !

Journal  A-Monat  Zuordnung  B-Monat  Gesamt-Zuordnung...
Ausdruck des Gesamt-Journals
```

(Da die jeweilige Bearbeitung über weitere Untermenüs und Abfragen wie im Bereich Kassenbuch geschieht, wird auf die Bildschirmanzeige der Arbeitsschritte verzichtet.
Die Ausdrucke ähneln außerdem dem dort aufgeführten Gesamtjournal, so daß auch auf den Abdruck bei den Erläuterungen der weiteren Menüpunkte verzichtet wurde.)

Vor Beginn eines Ausdruckes wird zur Sicherheit nochmals in der Hinweiszeile abgefragt, ob der Drucker eingeschaltet ist.

Die Einnahmen und Ausgaben werden in diesem Menüpunkt als steuerliche Betriebseinnahmen und Betriebsausgaben erfaßt - einschließlich der vorgenommenen o.a. Abschreibungen und Auflösungen von Anlagegütern.

Journal: Journal aller eingegebenen Betriebseinnahmen und Betriebsausgaben, sortiert nach den Belegnummern

A-Monat: Journal aller eingegebenen Betriebseinnahmen und Betriebsausgaben, sortiert nach den Belegnummern, jedoch nur bezogen auf den gewählten Monat

Zuordnung: Auswertung über die gesamten Betriebseinnahmen und Betriebsausgaben der einzelnen Zuordnungen

B-Monat: Auswertung über die gesamten Betriebseinnahmen und Betriebsausgaben der einzelnen Zuordnungen, jedoch nur bezogen auf den gewählten Monat

Ges-Zuordnung: Auswertung über die Betriebseinnahmen und Betriebsausgaben einer bestimmten Zuordnung

C-Monat: Auswertung über die Betriebseinnahmen und Betriebsausgaben einer bestimmten Zuordnung, jedoch nur bezogen auf den gewählten Monat

2.7.4. Warenbücher

Mit Wahl dieses Menüpunktes werden Sie aufgefordert, Ihren Drucker zu aktivieren.

Hier lassen sich die Zuordnungen der Nummern 6000 bis 7999 als Wareneingangsbuch, sowie die Zuordnungen mit den Nummern 5000 bis 5999 als Warenausgangsbuch ausdrucken.

Sie haben die Möglichkeit, folgende Ausdrucke zu veranlassen.

Mit "Ende" gelangen Sie ins Hauptmenü zurück.

```
joko - einnahmen/ausgaben-rechnung         Datum: 00.00.00
Ausdrucke


              BITTE PAPIER IN DEN DRUCKER
               EINLEGEN UND EINSCHALTEN !


Jour A-Mo Zuord B-Mo Ges-Zu C-Mo Tage D-Mo Summ F-Mo ...
Ausdruck des gesamten Wareneingangs-Journals
```

(Da die jeweilige Bearbeitung über weitere Untermenüs und Abfragen wie im Bereich Kassenbuch geschieht, wird auf die Bildschirmanzeige der Arbeitsschritte verzichtet.
Die Ausdrucke ähneln außerdem dem folgenden Journal, so daß auf den Abdruck deshalb bei den Erläuterungen der weiteren Menüpunkte verzichtet wurde.)

Vor Beginn eines Ausdruckes wird zur Sicherheit nochmals in der Hinweiszeile abgefragt, ob der Drucker eingeschaltet ist.

Die Warenein- und Warenausgänge werden in diesem Menüpunkt als Nettowerte (ohne Umsatzsteuer) erfaßt.

Jour: Journal aller Wareneingänge, sortiert nach den Belegnummern

```
=====================================================================
XXXXXXXXXXXXXXXXXXXXXX        0000/0000/0000        Datum: 00.00.00

WARENEINGANGSBUCH                                   Seite:        1

=====================================================================

Beleg   Datum    Buchungstext        Betrag        Zuordnung
---------------------------------------------------------------------
    1 00.00.00   YYYYY, P'born                0.00 Ausg.Werkstoff
    .    .         .                            .       .       .
    .    .         .                            .       .       .
    .    .         .                            .       .       .
---------------------------------------------------------------------
*** Gesamtsumme ***                           0.00
=====================================================================

               -----------------------Druck-Ende
```

A-Mo: Journal aller Wareneingänge, sortiert nach den Belegnummern, jedoch nur bezogen auf den gewählten Monat

Zuord: Auswertung über die gesamten Wareneingangssummen der einzelnen Warenarten

B-Mo: Auswertung über die gesamten Wareneingangssummen der einzelnen Warenarten, jedoch nur bezogen auf den gewählten Monat

Ges-Zu: Auswertung über die Wareneingänge einer bestimmten Warenart

C-Mo: Auswertung über die Wareneingänge einer bestimmten Warenart, jedoch nur bezogen auf den gewählten Monat

Tage: Journal aller Warenausgänge, sortiert nach den Belegnummern

D-Mo: Journal aller Warenausgänge, sortiert nach den Belegnummern, jedoch nur bezogen auf den gewählten Monat

Summ: Auswertung über die gesamten Warenausgangssummen der einzelnen Warenarten

F-Mo: Auswertung über die gesamten Warenausgangssummen der einzelnen Warenarten, jedoch nur bezogen auf den gewählten Monat

Ordn: Auswertung über die Warenausgänge einer bestimmten Warenart

H-Mo: Auswertung über die Warenausgänge einer bestimmten Warenart, jedoch nur bezogen auf den gewählten Monat

2.7.5. Steuer

Mit Wahl dieses Menüpunktes werden Sie aufgefordert, Ihren Drucker zu aktivieren.

Sie werden gebeten, einige Augenblicke wegen der Errechnung der Zahlen für Ihre Umsatzsteuer-Voranmeldung zu warten. Dann werden die Zahlen bereitgestellt.

Hinweise im Zusammenhang mit den Warenbüchern:

Gewerbliche Unternehmer mit Umsatzsteuer-Erhebung nach **vereinbarten** Entgelten müssen die EDV-Steuerdaten um die Steuerdaten aufgrund dieser Zielvorgänge - bedingt durch Zielein- und Zielverkäufe (siehe Einrichtungshilfen für Zuordnungsziffern und Eingaben von Aufzeichnungen) - in der Umsatzsteuer-Voranmeldung ergänzen.

```
==============================================================
XXXXXXXXXXXXXXXXXXXXXX       0000/0000/0000      Datum: 00.00.00

DATEN ZUR UMSATZSTEUER-VORANMELDUNG
==============================================================

                                 Umsatz              Steuer
-------------------------------------------------------------
Erlöse   15.00 %                         0.00                 0.00
                                         ----------------------
Gesamt                                   0.00                 0.00
                                         ----------------------
Vorsteuer                                                     0.00
                                         ----------------------
Umsatzsteuer-Zahllast                                         0.00
                                         ======================

                  -------------------Druck-Ende
```

2.8. Abschlüsse - Dateiorganisation

Mit diesem Menüpunkt lassen sich zusätzliche Sicherungen, Abschlüsse, Wiederherstellungen und Löschungen der gesamten Aufzeichnungen durchführen.

```
joko - einnahmen/ausgaben-rechnung          Datum: 00.00.00
Abschlüsse - Dateiorganisation


Sicherung Monatsabschluß Jahresabschluß Wiederherstel...

Sicherung aller aktuellen Datenbanken
```

2.8.1. Sicherung

Mit diesem Menüpunkt kann zu jeder Zeit eine entsprechende zusätzliche Sicherung außerhalb des Programms auf Diskette durchgeführt werden.

Die Sicherung erfolgt auf Betriebssystem-Ebene.

Das Verzeichnis, von dem aus gesichert werden soll, und das Sicherungs-Laufwerk wurden schon bei der Software-Installation eingegeben.

Notfalls sind diese Eingaben nochmals zu überprüfen, da sonst keine Sicherung stattfinden kann!

Alle vorhandenen Datenbanken werden gesichert.

Die Vorgehens- und Bearbeitungsweise ergibt sich aus den folgenden Bildschirmtexten. Zuvor haben Sie jedoch noch die Möglichkeit, die Sicherung abzubrechen.

```
joko - einnahmen/ausgaben-rechnung        Datum: 00.00.00
Sicherung

Tages-Sicherung Ihrer Daten:   JA         Keine Sicherung
Nutzen Sie die Tagessicherungs-Disketten
```

```
joko - einnahmen/ausgaben-rechnung        Datum: 00.00.00
Sicherung

   Die Sicherung wird außerhalb dieses Programms auf
   Betriebssystemebene als BACKUP durchgeführt!

   Bitte folgen Sie den BACKUP-Befehlen!

   Nutzen Sie Ihre Tagessicherungsdisketten!

   Nach Beendigung der Sicherung führt Sie das Pro-
   gramm wieder an diese Stelle zurück!


                Bitte weiter mit irgendeiner Taste!
```

Achtung! Alle Dateien auf der Diskette werden gelöscht! Eine erfolgreiche Sicherung erkennen Sie daran, daß auf dem Bildschirm die zu sichernden Dateien aufgezählt werden.

```
Bitte Diskette Nummer 1 einlegen und RETURN drücken

C:\JOKO-EA\BUCHTEXT.DBF
C:\JOKO-EA\EAV3.DBF

...
```

Nach Rückkehr ins Programm bestätigen Sie bitte das Ende der Sicherungsphase mit irgendeiner Taste! (Wenn die Aufzählung der gesicherten Dateien fehlte, war die Sicherung nicht erfolgreich!)

2.8.2. Monatssicherung

Mit diesem Menüpunkt muß jeweils ein Buchungsmonat abgeschlossen werden.

Achtung! Alle Auswertungen, die Sie wünschen - insbesondere Monatsauswertungen -, sind bis auf die Daten der Umsatzsteuer-Voranmeldungen **vor der Monatssicherung auszudrucken!**

```
joko - einnahmen/ausgaben-rechnung        Datum: 00.00.00
Monatsabschluß

    Achtung ! ! !

    Diesen Menüpunkt sollten Sie nur bestätigen, wenn
    Sie wirklich einen Monatsabschluß durchführen
    wollen!

    Die Datenbanken werden für den kommenden Monat
    aufbereitet. Das Ergebnis wird zum Bearbeitungs-
    beginn dieses kommenden Monats gesichert!

    Sie können einen neuen Bearbeitungsmonat beginnen!

Wollen Sie wirklich einen Abschluß machen? (J/N)? N
```

Bestätigen Sie die Sicherheitsabfrage, ob ein Abschluß gemacht werden soll, mit "J" (Groß- oder Kleinbuchstabe).

Je nach Wunsch kann vor dem Abschluß nochmals eine Sicherung der alten Datenbestände aller Datenbanken durchgeführt werden (Hinweis-Beantwortung mit "J" (Groß- oder Kleinbuchstabe).

Sie werden dann aufgefordert, den Drucker zu aktivieren und das Programm mit irgendeiner Taste fortzusetzen.

Es folgt dann der Monatsabschluß mit der Bereinigung der Monatswerte, - nach Beantwortung der jeweiligen Drucker-Einschaltung mit "J" - der Ausdruck der Umsatzsteuervoranmeldungs-Daten.

Nach der - schon beschriebenen - Sicherung dieses Monatsabschlusses kehren Sie mit der Bestätigung durch irgendeine Taste in das Hauptmenü zurück. Jetzt kann die Buchung nach Neueinstieg ins Programm im neuen Monat beginnen. Bei dem Neustart werden die teilweise benötigten Indexdaten neu aufgebaut. Im Eingangsmenü wird jetzt die Ziffer des nächsten Buchungsmonats angegeben.

2.8.3. Jahresabschluß

Dieser Menüpunkt wird vom Programm automatisch angesteuert, wenn der zwölfte Monatsabschluß durchgeführt wurde.

Da jedoch auch zu einem früheren Termin ein Abschluß möglich sein muß, wurde dieser Menüpunkt in das Programm aufgenommen.

Achtung! Alle anderen Auswertungen, die Sie wünschen, sind bis auf das Gewinnermittlungsjournal und die Kassenbestände **vor dem Jahresabschluß auszudrucken!**

```
joko - einnahmen/ausgaben-rechnung          Datum: 00.00.00
Jahresabschluß

     Achtung ! ! !

     Diesen Menüpunkt sollten Sie nur bestätigen, wenn
     Sie wirklich einen Jahresabschluß durchführen
     wollen!

     Journal, Kassenbestände und Kundenumsätze werden
     jetzt ausgedruckt.
     Die Buchungsdaten und Jahreswerte werden ge-
     löscht, anschließend werden die Datenbanken
     zum neuen Jahresbeginn gesichert.

     Sie können ein neues Buchungsjahr beginnen!


Wollen Sie wirklich einen Abschluß machen? (J/N)? N
```

Auch hier erfolgt der Jahresabschluß nach Bestätigung in der Hinweiszeile mit "J" (Groß- oder Kleinbuchstabe).

Sie werden aufgefordert, den Drucker zu aktivieren und das Programm mit irgendeiner Taste fortzusetzen.

Nach der Aufbereitung der Informationen erfolgt dann der Jahresabschluß mit dem Journalausdruck nach § 4(3) EStG und dem Kassenbestandsausdruck - jeweils nach Beantwortung der jeweiligen Drucker-Einschaltung mit "J".

Anschließend werden die alten Buchungen gelöscht, die neuen Kassenereröffnungsbestände ermittelt und gebucht. Dann werden die Daten für den neuen Jahresbeginn gesichert.

Mit der Bestätigung irgendeiner Taste verlassen Sie den Jahresabschluß. Die Arbeit mit dem Verwaltungsprogramm wird beendet.

2.8.4. Wiederherstellung

Dieser Punkt wird angewählt, wenn es aus irgendwelchen Gründen erforderlich wird, die auf Diskette gesicherten Dateien im Rahmen des Programms zu aktivieren. Die Daten werden dann zurück in das Programm geladen. Sie stehen zur weiteren Bearbeitung zur Verfügung.

Der Ablauf entspricht dem Ablauf der Sicherungen. Folgen Sie in diesem Fall nach der o.a. Abbruchsmöglichkeit den RESTORE-Befehlen des Betriebssystems.

Auch hier ist eine Wiederherstellung nur erfolgreich, wenn die o.a. Aufzählung der Datenbanken auf dem Bildschirm erfolgt.

```
joko - einnahmen/ausgaben-rechnung          Datum: 00.00.00
Daten-Wiederherstellung

   Die Sicherung wird außerhalb dieses Programms auf
   Betriebssystemebene als RESTORE durchgeführt!

   Bitte folgen Sie den RESTORE-Befehlen!

   Nutzen Sie die entsprechenden Sicherungsdisketten,
   mit deren Daten Sie die Bearbeitung dann fortführen
   wollen!

   Nach Beendigung der Wiederherstellung führt Sie das
   Programm wieder an diese Stelle zurück!

              Bitte weiter mit irgendeiner Taste!
```

2.8.5. Löschen

Mit diesem Menüpunkt werden die Datenbanken Ihrer augenblicklichen EA-Bearbeitung gelöscht.

```
joko - einnahmen/ausgaben-rechnung          Datum: 00.00.00
Löschen aller Systemdaten

    Achtung ! ! !

    Diesen Menüpunkt sollten Sie nur bestätigen, wenn
    Sie wirklich die Bearbeitung mit JOKO-EA nicht
    mehr fortsetzen wollen!

    Die Datenbanken werden nochmals gesichert, an-
    schließend wird das Programm insgesamt gelöscht!

Wollen Sie wirklich die Daten löschen? (J/N)? N
```

Wenn alle Datenbestände gelöscht werden sollen, dann bestätigen Sie den Hinweis mit "J" (Groß- oder Kleinbuchstabe).

Nach einer zusätzlichen - oben beschriebenen - Sicherung erfolgt die Löschung. Die Arbeit mit dem Abrechnungssystem wird beendet.

2.8.6. Programmende

Mit der Wahl dieses Punktes wird das Programm verlassen.

V. Einrichtungsbeispiele für Unternehmen

Sachverhalte

Wegen der branchen- und berufsübergreifenden Anwendungsmöglichkeiten dieses Programms ist es sinnvoll, im Folgenden die Arbeit mit der Software an drei Sachverhalten vorzustellen.

Die einzelnen Bearbeitungsschritte werden entsprechend der Handbuchziffern numeriert. Buchstaben-Unterteilungen weisen auf differenzierte Darstellungen für die drei Typen der Nutzer (a = Freiberufler im Nebenberuf, b = Freiberufler im Hauptberuf, c = Gewerbetreibender im Nebenberuf) hin.

a) Freiberufler im Nebenberuf

Hansi Meier wohnt in 33102 Paderborn, Steinweg 13. Seine Steuernummer ist 1111/1111/1111.

Hauptberuflich ist er Lehrer. Nebenberuflich schreibt er Fachbücher.

Als Kleinunternehmer ist M. von der Umsatzsteuer befreit.

M. fällt weder unter die Buchführungspflicht eines Vollkaufmanns nach dem HGB und damit nach der Abgabenordnung, noch unter die erweiterte steuerrechtliche Buchführungspflicht, da er Freiberufler ist.

Er führt auch nicht freiwillig Buch; er muß also nur die im ersten Teil genannten Aufzeichnungen vornehmen - ohne Warenbücher.

b) Freiberufler im Hauptberuf

Hansi Meier wohnt in 33102 Paderborn, Steinweg 13. Seine Steuernummer ist 1111/1111/1111.

Hauptberuflich ist er - nach einem Studium - als Unternehmensberater (beratender Betriebswirt) tätig.

M. ist kein Kleinunternehmer im umsatzsteuerlichen Sinn. Er versteuert auf Antrag nach vereinnahmten Entgelten.

Als Freiberufler ist er weder handelsrechtlich noch steuerrechtlich zur Buchführung verpflichtet. Auch er führt nicht freiwillig Buch; er zeichnet also nur entsprechend dem ersten Teil auf - ohne Warenbücher.

c) Gewerbetreibender im Nebenberuf

Hansi Meier wohnt in 33102 Paderborn, Steinweg 13. Seine Steuernummer ist 1111/1111/1111.

Hauptberuflich ist er Programmierer in einem reinen Softwarehaus. Nebenberuflich veräußert er hin und wieder Telefone an Wiederverkäufer. Er handelt mit zwei Produkttypen: Standardtelefone und Funktelefone. Eine kaufmännische Organisation benötigt er nicht. Tagsüber nimmt seine Frau nur manchmal telefonische Bestellungen entgegen.

M. hat umsatzsteuerlich optiert, das heißt, er verzichtet auf die Steuerbefreiung als Kleinunternehmer. Er versteuert auf Antrag nach vereinnahmten Entgelten.

M. ist Minderkaufmann, da seine selbständige Tätigkeit keinen eingerichteten Geschäftsbetrieb erfordert. Er ist somit handelsrechtlich nicht zur Buchführung verpflichtet und deshalb auch grundsätzlich nicht steuerlich. Bezüglich der erweiterten steuerlichen Buchführungspflicht für Gewerbetreibende liegen weder Gewinn, noch Betriebsvermögen, noch Umsatz über den in der Abgabenordnung genannten Grenzen.

Er führt auch nicht freiwillig Buch; er muß also nur die im ersten Teil genannten Aufzeichnungen vornehmen - einschließlich der Wareneingangs- und Warenausgangsbücher (letzteres wegen des Verkaufs an Wiederverkäufer).

1. Allgemeiner Arbeitsbeginn

Hansi Meier lädt die Datei "CONFIG.SYS" in ein **Textprogramm**. Unterhalb der "DEVICE"-Befehle gibt er die Befehle ein: "FILES=45" und "BUFFERS=17".
Anschließend lädt er die Datei "AUTOEXEC.BAT". Unterhalb des PATH-Befehls ergänzt er: "SET CLIPPER=F40".

Zur **Programminstallation** legt er die Programmdiskette in das Laufwerk "A:" ein, wechselt von der Festplatte auf das Laufwerk "A:". Er gibt den Befehl "INSTALL" ein, bestätigt mit der RETURN-Taste und führt so die Programminstallation durch.

Als gewünschten Lizenznamen gibt er "Hansi Meier" ein. Da der Name kürzer ist als das vorgesehene Feld, bestätigt er mit der RETURN-Taste den Eingabewunsch. Die Korrektur-Abfrage bestätigt er mit "N".

Als gewünschtes Unterverzeichnis bestätigt er die Vorgabe "C:\JOKO-EA".

Nachdem das Programm in das Verzeichnis kopiert wurde, beendet er den Installationsvorgang mit einer Zeichentaste. Dann kopiert er das Programm zur Sicherheit (von "A:") auf eine formatierte Diskette. Der Befehl lautet: "DISKCOPY A: A:".

Für spätere Sicherungen werden mehrere formatierte Disketten bereitgehalten, vorläufig zwei Disketten für Zwischen- bzw. Tagessicherungen, die umschichtig zur Sicherung genutzt werden sollen. Dadurch ist immer ein älterer Stand bei Fehlern rückrufbar. Dann jeweils eine für Monatsicherungen und eine für die Jahressicherung.

Zum **Programm-Aufruf** wird in das Verzeichnis auf die Festplatte gewechselt mit den Eingaben: "C:" und "CD JOKO-EA"/[RETURN]. Gestartet wird das Programm aus dem Unterverzeichnis mit dem Befehl "EA"/[RETURN] .

2. Arbeiten mit dem Programm

2.1. Arbeiten bei erster Anwendung und Auswahl aus dem Hauptmenü

M. blättert vom Eingangsbild mit irgendeiner Zeichen-, Ziffern- oder Funktionstaste weiter.

Dann nimmt er die Code-Eingabe vor:

```
joko - einnahmen/ausgaben-rechnung          Datum: 00.00.00
Code-Eingabe vor Aufnahme der Bearbeitung

Geben Sie als Bearbeitender Ihren persönlichen Code ein,
...
von der Bearbeitung ausgeschlossen sind!

Code:  Boß(weitere 5 Leerstellen)

Korrektur (J/N)? N
```

Eine Änderung ist nicht notwendig, er bestätigt mit "N".

Das nächste Bild erscheint immer bei Programmaufnahme. M. gib den Code - allerdings am Bildschirm nicht lesbar - in gleicher Schreibform, wie festgelegt ein.

Das Bearbeitungsdatum, das auch in den Ausdrucken erscheint, wird bestätigt, neu eingegeben, evtl. korrigiert.

Der erste Buchungsmonat ist Januar, als "1" einzugeben. Diese Eingabe geschieht nur beim ersten Arbeitsgang.

```
joko - einnahmen/ausgaben-rechnung          Datum: 00.00.00

Benutzer-Code:      Boß(weitere 5 Leerstellen)

Buchführender:      Hansi Meier

Buchungsdatum:      02.01.00

Buchungsmonat:       1
```

Außerdem werden bei der ersten Bearbeitung Kassenbestände abgefragt. M. will zwei Kassen benutzen mit Anfangsbeständen von 1.000 DM (Kassennummer 1) bzw. 500 DM (Kassennummer 2). Die Nummern merkt er sich für die spätere Kassenbezeichnung!

```
joko - einnahmen/ausgaben-rechnung          Datum: 00.00.00
Eingabe von Eröffnungsbeständen bei Ersteingabe

Nummer der Kasse  :  1
Name der Kasse    :  Hauptkasse
Eröffnungsbestand:       1.000.00

Korrektur/Eingabe          +        -          Ende

Eröffnungsbestand eingeben oder korrigieren
```

(Der zweite Betrag wird ebenso eingegeben.)

Aus dem Hauptmenü wählt M. nach Beendigung der Kasseneinträge das Menü "Installation der Software" aus.

2.2. Installation der Software

```
joko - einnahmen/ausgaben-rechnung          Datum: 00.00.00
Software-Installation

Name                        :   Hansi Meier
Postleitzahl                :   33102
Ort                         :   Paderborn
Straße                      :   Steinweg 13
Steuernummer                :   1111/1111/1111
   oder ähnliche Eingabe

Bearbeitungs-Verzeichnis:   C:\JOKO-EA
Sicherungs-Laufwerk         :   A:

Farbmonitor                 :   1
   (ja = 1, nein = 0)

Bitte geben Sie Ihre Daten ein!
```

Aus dem Hauptmenü wählt M. nach Beendigung das Menü "Stammdaten" aus. Zweckmäßiger Weise sollten die Untermenüs in der folgenden Reihenfolge bearbeitet werden!

2.3. Stammdaten

2.3.1. Buchungsstammtexte

Buchungsstammtexte wird M. erst später bei Bedarf ergänzen.

2.3.2. Steuern

a) Freiberufler im Nebenberuf

M. benötigt als umsatzsteuerlicher Kleinunternehmer wegen seiner Steuerbefreiung keine Eingaben in diesem Menüpunkt.

Er wählt direkt das Menü "Zuordnungen" an.

b) Freiberufler im Hauptberuf

M. benötigt einen Umsatzsteuer- und Vorsteuersatz von 15%. Die Steuer soll jeweils bei den Eingaben aus dem Bruttowert herausgerechnet werden.

Umsatzsteuerschlüssel beginnen mit dem Buchstaben "U", Vorsteuerschlüssel mit "V". M. wählt als Schlüsselziffer "15". Somit kann er bei späteren Angaben immer sofort überschauen, daß es sich um 15%-ige Umsatz- oder Vorsteuer handelt. Die Schlüssel werden benötigt, um gleich die Zuordnungen mit der Steuerberechnung (15% vom Bruttowert) zu verbinden.

Beim Durchblättern der Schlüssel mit der "+"-Taste stellt M. fest, daß die wesentlichen Schlüssel schon vorhanden sind, sonst müßte er eingeben:

```
joko - einnahmen/ausgaben-rechnung           Datum: 00.00.00
Steuerdaten

Steuerdatei
Steuerschlüssel     Steuersatz     Brutto/Netto

      U15              15.00            B

Korrektur/Eingabe          +          -          Ende

Einen Stammtext vorblättern.
```

Mit der "+"-Taste blättert M. weiter. Nach Bestätigung von "Korrektur/Eingabe" könnte er - wenn nicht schon vorhanden - entsprechend "V15" - "15.00"% - "B" eingeben.

Anschließend wählt M. das Menü "Zuordnungen" an.

c) Gewerbetreibender im Nebenberuf

M. benötigt einen Umsatzsteuer- und Vorsteuersatz von 15%. Die Steuer soll jeweils bei den Eingaben aus dem Bruttowert herausgerechnet werden.

Umsatzsteuerschlüssel beginnen mit dem Buchstaben "U", Vorsteuerschlüssel mit "V". M. wählt als Schlüsselziffer "15". Somit kann er bei späteren Angaben immer sofort überschauen, daß es sich um 15%-ige Umsatz- oder Vorsteuer handelt. Die Schlüssel werden benötigt, um gleich die Zuordnungen mit der Steuerberechnung (15% vom Bruttowert) zu verbinden.

Beim Durchblättern der Schlüssel mit der "+"-Taste stellt M. fest, daß die wesentlichen Schlüssel schon vorhanden sind, sonst müßte er eingeben:

```
joko - einnahmen/ausgaben-rechnung          Datum: 00.00.00
Steuerdaten

Steuerdatei
Steuerschlüssel    Steuersatz    Brutto/Netto

      U15              15.00          B

Korrektur/Eingabe              +        -        Ende

Einen Stammtext vorblättern.
```

Mit der "+"-Taste blättert M. weiter. Nach Bestätigung von "Korrektur/Eingabe" könnte er - wenn nicht schon vorhanden - entsprechend "V15" - "15.00"% - "B" eingeben.

Anschließend wählt M. das Menü "Zuordnungen" an.

2.3.3. Zuordnungen

Aufgrund der anfänglichen Planung wird es sich bei M. nur um wenige verschiedenenartige Einnahmen und Ausgaben handeln. Es ist daher sinnvoll, statt aufwendiger Löschung der Zuordnungen aus den Übernahmemöglichkeiten, die benötigten Differenzierungen selbst einzugeben. Diese werden später bei Bedarf erweitert.

```
joko - einnahmen/ausgaben-rechnung        Datum: 00.00.00
Übernahmemöglichkeit von Zuordnungen

Sie haben nur jetzt vor der ersten Bearbeitung von Zuord-
...
nungsanzahl verringert!
                  Auswahl: 3

Korrektur (J/N)? N
```

Die Auswahl wird nicht korrigiert - "N".

a) Freiberufler im Nebenberuf

M. benötigt vorerst nach ersten Einschätzungen die folgenden Zuordnungen, die er nach Bestätigung des Menüs "Neueingabe" benennt:

```
joko - einnahmen/ausgaben-rechnung        Datum: 00.00.00
Neueingabe von Buchungszuordnungen

Buchungszuordnungen
Zuord...nummer Zuord...name      Steu...-USt Steu...-VSt

 4100          Buch "1"

Korrektur der Eingabe   Weitere Eingabe   Eingabeende

Bitte mit Pfeiltasten und RET auswählen!
```

Über den Menüpunkt "Weitere Eingabe" setzt M. die Festlegung der Zuordnungen fort:

```
Zuordnungsnummer Zuordnungsname          USt        VSt
 4200            Buch "2"
 7100            Papiereinkauf
 7200            Druckkassetten
 3000            private Vorfälle
```

8700	Kommunikation
9420	Kontenführung
90000	Diverses

b) Freiberufler im Hauptberuf

M. benötigt vorerst nach ersten Einschätzungen die folgenden Zuordnungen, die er nach Bestätigung des Menüs "Neueingabe" benennt:

```
joko - einnahmen/ausgaben-rechnung          Datum: 00.00.00
Neueingabe von Buchungszuordnungen

Buchungszuordnungen
Zuord...nummer Zuord...name        Steu...-USt Steu...-VSt

 4100          Orga.Beratung       U15

Korrektur der Eingabe   Weitere Eingabe   Eingabeende

Bitte mit Pfeiltasten und RET auswählen!
```

Über den Menüpunkt "Weitere Eingabe" setzt M. die Festlegung der Zuordnungen fort:

Zuordnungsnummer	Zuordnungsname	USt	VSt
4200	Personalberatung	U15	
7100	Papiereinkauf		V15
7200	DEMO-Materialien		V15
1280	Fuhrpark-Verkauf	U15	
1680	Fuhrpark-Kauf		V15
3000	private Vorfälle		
7441	Kfz-Kosten		V15
8700	Kommunikation		V15
8820	Kfz-Versicherung		
9300	Steuern		
9420	Kontenführung		
9700	Abschreibungen		
90000	Diverses		

c) Gewerbetreibender im Nebenberuf

M. benötigt vorerst nach ersten Einschätzungen die folgenden Zuordnungen, die er nach Bestätigung des Menüs "Neueingabe" benennt:

```
joko - einnahmen/ausgaben-rechnung          Datum: 00.00.00
Neueingabe von Buchungszuordnungen

Buchungszuordnungen
Zuord...nummer Zuord...name       Steu...-USt Steu...-VSt

 5510          Standardtelefon    U15

Korrektur der Eingabe   Weitere Eingabe   Eingabeende

Bitte mit Pfeiltasten und RET auswählen!
```

Über den Menüpunkt "Weitere Eingabe" setzt M. die Festlegung der Zuordnungen fort:

Zuordnungsnummer	Zuordnungsname	USt	VSt
5520	Funktelefon	U15	
7100	Standardtelefon		V15
7200	Funktelefon		V15
1280	Fuhrpark-Verkauf	U15	
1680	Fuhrpark-Kauf		V15
3000	private Vorfälle	U15	
7441	Kfz-Kosten		V15
8700	Kommunikation		V15
8820	Kfz-Versicherung		
9300	Steuern		
9420	Kontenführung		
9700	Abschreibungen		
90000	Diverses		

2.3.4. Kassenzuordnungen

In diesem Menüpunkt vergibt M. Bezeichnungen für seine zwei Kassen.

```
joko - einnahmen/ausgaben-rechnung        Datum: 00.00.00
Kassenzuordnungen

Mögliche Zuordnungen
Art      Zuordnung

 1       Hauptkasse

Korrektur/Eingabe        +        -        Ende

Zuordnung eingeben oder korrigieren
```

Mit der "+"-Taste wechselt er zur Benennung der zweiten Kasse. Nach Bestätigung des Befehls "Korrektur/Eingabe" nennt er sie Portokasse. Dann verläßt er dieses Menü über "Ende".

Aus dem Stammdaten-Grundmenü kehrt M. mit "Ende" ins Hauptmenü zurück.

2.4. Geschäftsvorfälle

Beispielhaft werden an dieser Stelle einige problematische Buchungen aufgeführt. Diese Darstellung ist eine Ergänzung zu den Einrichtungsbeispielen. Sie bezieht sich nicht auf die o.a. Sachverhalte. Bei steuerfreien Umsätzen entfällt entsprechend die Information in den Zeilen "Steuerfunktion" und "USt/VSt". Bei unbaren Buchungen fehlt die Eingabe "Kassen-Zuordnung" und "Kassen-Beleg-Nr.". Die Beträge wurden willkürlich gewählt! Die Steuerberechnung erfolgt vom Bruttowert.

Abschreibung

```
Beleg-Nr.           :  1
Buchungstext        : Abschreibung
Einnahmen           :          0.00  Buchungs-Zuordnung:  9700
Ausgaben            :       5000.00  Steuerfunktion    :
Anlagenkauf   (J/N) : N              USt/VSt           :
```

Anlagenkauf

```
Beleg-Nr.            :  2             Kassen-Zuordnung  : 1
Buchungstext         : Pkw-Kauf       Kassen-Beleg-Nr.  :  2
Einnahmen            :          0.00  Buchungs-Zuordnung:  1680
Ausgaben             :      11500.00  Steuerfunktion    : V15
Anlagenkauf   (J/N)  : J              USt/VSt           : 1500.00
```

Anlagenverkauf abnutzbarer Güter

```
Beleg-Nr.            :  3             Kassen-Zuordnung  : 1
Buchungstext         : Pkw-Verkauf    Kassen-Beleg-Nr.  :  3
Einnahmen            :       2300.00  Buchungs-Zuordnung:  1280
Ausgaben             :          0.00  Steuerfunktion    : U15
Anlagenkauf   (J/N)  : N              USt/VSt           :  300.00
```

```
Beleg-Nr.            :  3
Buchungstext         : Pkw-Restwert
Einnahmen            :          0.00  Buchungs-Zuordnung:  1480
Ausgaben             :       1000.00  Steuerfunktion    :
Anlagenkauf   (J/N)  : N              USt/VSt           :
```

Anlagenverkauf nicht abnutzbarer Güter

```
Beleg-Nr.            :  4             Kassen-Zuordnung  : 1
Buchungstext         : Grundst.-Verk.Kassen-Beleg-Nr.   :  4
Einnahmen            :      80500.00  Buchungs-Zuordnung:  1110
Ausgaben             :          0.00  Steuerfunktion    : U15
Anlagenkauf   (J/N)  : N              USt/VSt           :10500.00
```

```
Beleg-Nr.            :  4
Buchungstext         : Grundst.-AK
Einnahmen            :          0.00  Buchungs-Zuordnung:  1310
Ausgaben             :      60000.00  Steuerfunktion    :
Anlagenkauf   (J/N)  : N              USt/VSt           :
```

Darlehnstilgung

```
Beleg-Nr.            :  5             Kassen-Zuordnung  : 1
Buchungstext         : Rückzahlung    Kassen-Beleg-Nr.  :  5
Einnahmen            :          0.00  Buchungs-Zuordnung:  9101
Ausgaben             :      10000.00  Steuerfunktion    :
Anlagenkauf   (J/N)  : N              USt/VSt           :
```

```
Beleg-Nr.            :  5
Buchungstext         : Rückzahlung
Einnahmen            :      10000.00  Buchungs-Zuordnung:  9101
Ausgaben             :          0.00  Steuerfunktion    :
Anlagenkauf   (J/N)  : N              USt/VSt           :
```

Entnahme-Eigenverbrauch von Bargeld

```
Beleg-Nr.            :  6            Kassen-Zuordnung  : 1
Buchungstext         : Privat - bar  Kassen-Beleg-Nr.  :  6
Einnahmen            :         0.00  Buchungs-Zuordnung:  3110
Ausgaben             :      1000.00  Steuerfunktion    :
Anlagenkauf   (J/N)  : N             USt/VSt           :
```

```
Beleg-Nr.            :  6
Buchungstext         : Privat - bar
Einnahmen            :      1000.00  Buchungs-Zuordnung:  3110
Ausgaben             :         0.00  Steuerfunktion    :
Anlagenkauf   (J/N)  : N             USt/VSt           :
```

Entnahme-Eigenverbrauch von Waren

```
Beleg-Nr.            :  7
Buchungstext         : Privat/Waren
Einnahmen            :      1150.00  Buchungs-Zuordnung:  3100
Ausgaben             :         0.00  Steuerfunktion    : U15
Anlagenkauf   (J/N)  : N             USt/VSt           :  150.00
```

Umsatzsteuerzahllast

```
Beleg-Nr.            :  8            Kassen-Zuordnung  : 1
Buchungstext         : Monatl. Zahll.Kassen-Beleg-Nr.  :  8
Einnahmen            :         0.00  Buchungs-Zuordnung:  2620
Ausgaben             :      1000.00  Steuerfunktion    :
Anlagenkauf   (J/N)  : N             USt/VSt           :
```

Unternehmensanteil privater Telefonkosten

```
Beleg-Nr.            :  9
Buchungstext         : Telefongeb.
Einnahmen            :         0.00  Buchungs-Zuordnung:  3520
Ausgaben             :      1000.00  Steuerfunktion    :
Anlagenkauf   (J/N)  : N             USt/VSt           :
```

Verwendungs-Eigenverbrauch des Kfz

```
Beleg-Nr.            : 10
Buchungstext         : Priv.Pkw.Verw.
Einnahmen            :      3450.00  Buchungs-Zuordnung:  3210
Ausgaben             :         0.00  Steuerfunktion    : U15
Anlagenkauf   (J/N)  : N             USt/VSt           :  450.00
```

Vorsteuererstattung

```
Beleg-Nr.            : 11              Kassen-Zuordnung  : 1
Buchungstext         : Monatl. Zahll.Kassen-Beleg-Nr.   : 11
Einnahmen            :        1000.00  Buchungs-Zuordnung:  2610
Ausgaben             :           0.00  Steuerfunktion    :
Anlagenkauf   (J/N) : N                USt/VSt           :
```

Warenkäufe

```
Beleg-Nr.            : 12              Kassen-Zuordnung  : 1
Buchungstext         : Fa. Adam        Kassen-Beleg-Nr.  : 12
Einnahmen            :           0.00  Buchungs-Zuordnung:  7100
Ausgaben             :        1150.00  Steuerfunktion    : V15
Anlagenkauf   (J/N) : N                USt/VSt           :  150.00
```

Warenverkäufe

```
Beleg-Nr.            : 13              Kassen-Zuordnung  : 1
Buchungstext         : Fa. Müller      Kassen-Beleg-Nr.  : 13
Einnahmen            :        2300.00  Buchungs-Zuordnung:  5500
Ausgaben             :           0.00  Steuerfunktion    : U15
Anlagenkauf   (J/N) : N                USt/VSt           :  300.00
```

Zieleinkauf/Zielverkauf von Waren

Der Einkauf und Verkauf werden als Belege erfaßt, eine Buchung erfolgt erst bei Zahlung. In diesem Moment entsteht die Umsatzsteuer bei vereinnahmten Entgelten.

VI. Anhang

Literaturhinweise

1. Das Steuer-ABC, Verlag Witzehoff, Recht und Steuern, Planegg/München 1994
2. Falterbaum, Buchführung und Bilanz, 12. Auflage, Steuerbeamten Verlag - Fleischer Verlag, Achim 1987
3. Koch, Buchführung und Bilanzierung mit EDV, 3. Auflage, S+W Steuer- und Wirtschaftsverlag, Hamburg 1992
4. Koch, PC-Buchhaltung, 2. Auflage, S+W Steuer- und Wirtschaftsverlag, Hamburg 1992
5. Koch, Anlagenbuchhaltung mit PC, S+W Steuer- und Wirtschaftsverlag, Hamburg 1993
6. Koch, JOKO-EA, Version V3.03, Paderborn 1993, 33102 Paderborn, Gustav-Schultze-Str. 16
7. Koch, JOKO-AVW, Version V2.05, Paderborn 1990, 33102 Paderborn, Gustav-Schultze-Str. 16
8. Neuer Kontenrahmen nach dem Bilanzrichtlinien-Gesetz, Sonderdruck, Haufe Verlag, Freiburg 1987
9. Praxis des Rechnungswesens, Haufe Verlag, Freiburg 1994
10. Rauser, Steuerlehre, Winklers Verlag, Darmstadt 1983

Literaturhinweise zur weiteren Vertiefung von Buchschwerpunkten

Buchführung

3. Koch, Buchführung und Bilanzierung mit EDV, 3. Auflage, S+W Steuer- und Wirtschaftsverlag, Hamburg 1992

Umsatzsteuer und Steuern

3. Koch, Buchführung und Bilanzierung mit EDV, 3. Auflage, S+W Steuer- und Wirtschaftsverlag, Hamburg 1992
9. Rauser, Steuerlehre, Winklers Verlag, Darmstadt 1983

Anschaffungskosten, Herstellungskosten, Abschreibungen

3. Koch, Buchführung und Bilanzierung mit EDV, 3. Auflage, S+W Steuer- und Wirtschaftsverlag, Hamburg 1992
5. Koch, Anlagenbuchhaltung mit PC, S+W Steuer- und Wirtschaftsverlag, Hamburg 1993
7. Koch, JOKO-AVW, Version V2.05, Paderborn 1990, 33102 Paderborn, Gustav-Schultze-Str. 16

Gewinnminderungen

2. Falterbaum, Buchführung und Bilanz, 12. Auflage, Steuerbeamten Verlag - Fleischer Verlag, Achim 1987
3. Koch, Buchführung und Bilanzierung mit EDV, 3. Auflage, S+W Steuer- und Wirtschaftsverlag, Hamburg 1992

Aufzeichnungsvorschriften

Aufzeichnungen oder entsprechende Belegsammlungen	
Allgemeine (nichtsteuerliche) Aufzeichnungen	**Steuerliche Aufzeichnungen**
Branchentypische Aufzeichnungen nach verschiedensten Gesetzen und Verordnungen wie für Apotheker, Bauträger, Fahrschulen, Gebrauchtwagenhändler, Handelsmakler u.a. zu erfragen bei den jeweiligen Unternehmensinteressenverbänden bzw. bei der Industrie- und Handelskammer oder Handwerkskammer	wenn **Branchentypische Aufzeichnungen** nach verschiedensten Gesetzen und Verordnungen dann auch nach dem Steuerrecht **Kasseneinnahmen** und **Kassenausgaben** (täglich) **Spezielle Aufzeichnungen** aufgrund von Einzelvorschriften z.B. für Verbrauchssteuern (Biersteuer, Mineralölsteuer, Branntweinsteuer) **Betriebseinnahmen** und **Betriebsausgaben** **Lohnsteuerberechnungen** bei Beschäftigung von Arbeitnehmern **Wareneingänge** bei gewerblichen Unternehmern **Warenausgänge** bei gewerblichen Unternehmern mit regelmäßigem Verkauf an Wiederverkäufer **Umsatzsteuerliche** Entgelte (einschl. Anzahlungen u.a.) getrennt nach steuerpflichtigen und steuerfreien Umsätzen sowie nach Steuersätzen; Bemessungsgrundlagen für Leistungen an Arbeitnehmer, Gesellschafter sowie für Eigenverbrauch;

Allgemeine (nichtsteuerliche) Aufzeichnungen	**Steuerliche Aufzeichnungen**
	Nettoentgelte für empfangene Leistungen (einschl. Anzahlungen u.a.) und Vorsteuer; Werte eingeführter Güter und Einfuhrumsatzsteuer **Besondere Ausgaben** (hier nur Aufzählung) für Geschenke, Bewirtung, Beherbergung/Unterhaltung, Verpflegung, Fahrten zwischen Wohnung und Arbeitsstätte, Familienheimfahrten, bestimmmte Ausgaben soweit nicht Lebenshaltungskosten Anschaffung von **Gütern** des **nicht abnutzbaren Anlagevermögens** **Geringwertige Wirtschaftgüter**

Beispiel eines Organisationsschemas

Wie ein Kontenrahmen in der Buchführung orientiert sich das Schema an dem dekadischen System (Unterordnungen erhalten immer an vorderen Stellen die Ziffer der Gruppierung).

Anwendungsbeispiele
6000 Werkstoffe (als Gruppe gemeinsam) **oder**
6100 Rohstoffe
6200 Hilfsstoffe (jeweils einzeln)
oder weiter unterteilt:
6100 Rohstoffe - Holz (als Gruppe gemeinsam) **oder**
6120 Rohstoffe - Eiche
6120 Rohstoffe - Buche (jeweils einzeln)
6200 Hilfsstoffe - Holz (als Gruppe gemeinsam) **oder**
6210 Hilfsstoffe - Eiche
6220 Hilfsstoffe - Buche (jeweils einzeln)

Einteilungsbereiche
Betriebseinnahmen: Bereiche 4000, 5000
Betriebsausgaben: Bereiche 6000, 7000, 8000, 9000
Betriebseinnahmen und Betriebsausgaben: 1000, 2000, 3000

1100	Einnahmen aus dem Verkauf/Abgang von Gütern des nicht abnutzbaren Anlagevermögens
1110	Grundstücke
1160	Beteiligungen
1170	Anlagewertpapieren
1200	Einnahmen aus dem Verkauf/Abgang von Gütern des abnutzbaren Anlagevermögens
1210	Patente
1215	Software (nicht Hersteller)
1220	sonstige immaterielle Güter
1230	Gebäude
1240	Maschinen und technische Anlagen
1250	Werkstätteneinrichtungen
1260	Werkzeuge
1270	Lager- und Transporteinrichtungen
1280	Fuhrpark
1290	Büro- und Geschäftsausstattungen

1300 Ausgaben beim Abgang von Gütern des nicht abnutzbaren Anlagevermögens (Anschaffungs-, Herstellungskosten)
1310 Grundstücke
1360 Beteiligungen
1370 Anlagewertpapiere

1400 Ausgaben beim Abgang von Gütern des abnutzbaren Anlagevermögens (Restbuchwerte)
1410 Patente
1415 Software (nicht Hersteller)
1420 sonstige immaterielle Güter
1430 Gebäude
1440 Maschinen und technische Anlagen
1450 Werkstätteneinrichtungen
1460 Werkzeuge
1470 Lager- und Transporteinrichtungen
1480 Fuhrpark
1490 Büro- und Geschäftsausstattungen

1500 Ausgaben beim Kauf/Zugang von Gütern des nicht abnutzbaren Anlagevermögens
1510 Grundstücke
1560 Beteiligungen
1570 Anlagewertpapiere

1600 Ausgaben beim Kauf/Zugang von Gütern des abnutzbaren Anlagevermögens
1610 Patente
1615 Software (nicht Hersteller)
1620 sonstige immaterielle Güter
1630 Gebäude
1640 Maschinen und technische Anlagen
1650 Werkstätteneinrichtungen
1660 Werkzeuge
1670 Lager- und Transporteinrichtungen
1680 Fuhrpark
1690 Büro- und Geschäftsausstattungen

2000 Umsatzsteuer - Betriebseinnahmen
2100 Umsatzsteuer 15%
2200 Umsatzsteuer 7%

2500 Vorsteuer - Betriebsausgaben
2510 Vorsteuer 15%
2520 Vorsteuer 7%

2600 Monatlicher Steuerabschluß
2610 Vorsteuer-Überhang - Betriebseinnahmen
2620 Umsatzsteuerzahllast - Betriebsausgaben

3000 Privatentnahmen - Betriebseinnahmen
3100 Entnahmeeigenverbräuche
3200 Verwendungseigenverbräuche
3500 Betriebliche Anteile privater Ausgaben - Betriebsausgaben
3510 Betrieblicher Anteil der privaten Kfz-Aufwendungen
3520 Betrieblicher Anteil der privaten Telefonkosten
3530 Betrieblicher Anteil der privaten Kontenführungskosten

4000 Einnahmen aus Dienstleistungen
4100 Umsatzerlöse aus Dienstleistungsgruppe 1
4110 Umsatzerlöse aus Dienstleistungsgruppe 1 - 15% Umsatzsteuer
4120 Umsatzerlöse aus Dienstleistungsgruppe 1 - 7% Umsatzsteuer

4200 Umsatzerlöse aus Dienstleistungsgruppe 2
4210 Umsatzerlöse aus Dienstleistungsgruppe 2 - 15% Umsatzsteuer
4220 Umsatzerlöse aus Dienstleistungsgruppe 2 - 7% Umsatzsteuer

4500 Sonstige Einnahmen
4510 Energieverkauf
4520 Vermietung und Verpachtung
4530 Erlöse aus Provisionen
4540 Lizenzen
4550 Empfangene Schadensersatzleistungen
4551 Versicherungsleistungen
4552 Sonstige Schadensersatzleistungen
4560 Forderungserlaß
4570 Spenden

4580	Öffentliche Zuschüsse
4590	Nebentätigkeiten
4591	Gutachterhonorare
4592	Prüfungen
4590	Geldwerte Vorteile
4600	Rückerstattungen betrieblicher Steuern
4700	Sonstige Rückerstattungen
4710	Erstattete Betriebsausgaben
4750	Sonstige weitere Rückerstattungen
4800	Erlöse aus Finanzierungen
4810	Beteiligungen
4820	Wertpapiere
4830	Verkauf von Spekulationswertpapieren
4850	Zins- und Diskontgutschriften aus Geld- und Bankgeschäften
4900	Außerordentliche Erlöse
4910	Erlaß einer Schuld
4920	Entschädigungen und Abfindungen
4950	Sonstige außerordentliche Erlöse
5000	Einnahmen aus Fertigung und Handel
5100	Umsatzerlöse aus Produktgruppe 1
5110	Umsatzerlöse aus Produktgruppe 1 - 15% Umsatzsteuer
5120	Umsatzerlöse aus Produktgruppe 1 - 7% Umsatzsteuer
5200	Umsatzerlöse aus Produktgruppe 2
5210	Umsatzerlöse aus Produktgruppe 2 - 15% Umsatzsteuer
5220	Umsatzerlöse aus Produktgruppe 2 - 7% Umsatzsteuer
5500	Umsatzerlöse aus Warengruppe 1
5510	Umsatzerlöse aus Warengruppe 1 - 15% Umsatzsteuer
5520	Umsatzerlöse aus Warengruppe 1 - 7% Umsatzsteuer
5600	Umsatzerlöse aus Warengruppe 2
5610	Umsatzerlöse aus Warengruppe 2 - 15% Umsatzsteuer
5620	Umsatzerlöse aus Warengruppe 2 - 7% Umsatzsteuer
5900	Nebenerlöse aus Abfallverwertung

6000	Ausgaben für die Fertigung - Werkstoffe
6100	Rohstoffe
6110	Rohstoffe - Produktgruppe 1
6120	Rohstoffe - Produktgruppe 2
6200	Hilfsstoffe
6210	Hilfsstoffe - Produktgruppe 1
6220	Hilfsstoffe - Produktgruppe 2
6300	Betriebsstoffe
6310	Betriebsstoffe - Produktgruppe 1
6320	Betriebsstoffe - Produktgruppe 1
6410	Fremdbauteile
6420	Verbrauchswerkzeuge
6430	Verpackungsmaterialien
6440	Energie
6450	Reparaturmaterialien
6460	Fremdinstandhaltungen
6470	sonstige Materialien
6480	bezogene Leistungen
6500	Fremdleistungen für die Auftragsgewinnung
6550	Weitere Fremdleistungen
6600	Frachten und Fremdlager
6700	Vertriebsprovisionen
6800	Fremdinstandhaltung und Reparaturmaterial
6900	Sonstige Aufwendungen für bezogene Leistungen
7000	Ausgaben für den Handel und Wareneinkauf bei Dienstleistungen
7100	Warengruppe 1
7200	Warengruppe 2
7430	Verpackungsmaterialien
7440	Energie
7450	Reparaturmaterialien
7460	Fremdinstandhaltungen
7470	sonstige Materialien
7480	bezogene Leistungen

7500	Fremdleistungen für die Auftragsgewinnung
7550	Weitere Fremdleistungen
7600	Frachten und Fremdlager
7700	Vertriebsprovisionen
7800	Fremdinstandhaltung und Reparaturmaterial
7900	Sonstige Aufwendungen für bezogene Leistungen
8000	Weitere Betriebsausgaben
8100	Löhne
8110	Löhne für geleistete Arbeitszeit
8120	Löhne für andere Zeiten
8200	Gehälter
8300	Soziale Abgaben und Altersversorgungen
8400	Arbeitgeberanteile zur Sozialversicherung
8500	Sonstige Personalaufwendungen
8600	Inanspruchnahme von Rechten und Diensten
8610	Mieten, Pachten
8620	Lizenzen, Konzessionen
8630	Gebühren
8640	Kosten des Geldverkehrs, Bank-, Wechselspesen
8650	Prüfung, Beratung, Rechtsschutz
8700	Kommunikation
8710	Büromaterial
8720	Literatur
8730	Post
8740	Werbung
8750	Sonstige Aufwendungen für Kommunikation
8800	Beiträge
8810	Versicherungsbeiträge - Risikoanteile
8820	KFZ-Versicherung
8830	Beiträge zu Wirtschaftsverbänden

9000 Sonstige Betriebsausgaben
9100 Sonstige Zahlungen
9110 Verluste von Geldmitteln
9120 Forderungserlaß - Betriebsausgabe

9200 Periodenfremde Betriebsausgaben

9300 Unternehmenssteuern
9310 Gewerbesteuer
9320 Grundsteuer
9330 Kraftfahrzeugsteuer
9340 Ausfuhrzölle
9350 Sonstige betriebliche Steuern

9400 Zinsen und ähnliche Aufwendungen
9410 Bankzinsen
9420 Kredit- und Überziehungsprovision
9430 Diskontaufwand
9440 Zinsen für Verbindlichkeiten
9450 Disagio
9460 Sonstige Geldbeschaffungskosten
9470 Sonstige Zinsen und zinsähnliche Aufwendungen
9480 Währungsverluste
9490 Rentenzahlungen (Zinsteil)

9500 Außerordentliche Betriebsausgaben

9600 Gesondert auszuweisende Betriebsausgaben
9610 Aufwendungen für Geschenke an Personen
9620 Aufwendungen für die Bewirtung aus geschäftlichem Anlaß
9630 Aufwendungen für Einrichtungen der Bewirtung, Beherbergung oder Unterhaltung von Personen
9640 Aufwendungen für Verpflegung
9650 Aufwendungen für Fahrten zwischen Wohnung und Arbeitsstätte sowie für Familienheimfahrten
9660 andere nicht unangemessene Kosten der Lebenshaltung

9700	Planmäßige Abschreibungen auf
9710	Patente
9715	Software (nicht Hersteller)
9720	sonstige immaterielle Güter
9730	Gebäude
9740	Maschinen und technische Anlagen
9750	Werkstätteneinrichtungen
9760	Werkzeuge
9770	Lager- und Transporteinrichtungen
9780	Fuhrpark
9790	Büro- und Geschäftsausstattungen
9800	Außerplanmäßige Abschreibungen
9850	Steuerrechtliche Sonderabschreibungen
9900	Bewegliche Geringwertige Wirtschaftsgüter; sowie Software

Umsatzsteuergesetz - EG-Binnenmarkt ab 1.1.1993 Innergemeinschaftlicher Erwerb

Mit dem Wegfall der Grenzkontrollen ab 1.1.1993 entfällt auch der bisherige Grenzausgleich (Entlastung der Ausfuhren und Belastung der Einfuhren). Eine Besteuerung der Leistungen im Ursprungsland der Lieferungen würde allerdings in jedem Fall zu erheblichen Steuerverschiebungen führen.

Im Rahmen einer Übergangsregelung soll deshalb ein Mischsystem gelten. Aus der Erweiterung des § 1(1) Nr. 5 UStG ergibt sich der Steuertatbestand, nachdem auch der innergemeinschaftliche Erwerb im Inland gegen Entgelt der Umsatzsteuer unterliegt. Durch bestimmte Steuerbefreiungen nach § 4 UStG wird eine Doppelbesteuerung in mehreren Ländern der EG jedoch vermieden. Der Nachweis der Steuerbefreiung im Herstellerland oder der Ortsbestimmung erfolgt über die Umsatzsteuer-Identifikationsnummer, mit der der Abnehmer die Besteuerung in einem anderen Mitgliedstaat übernimmt. (Die Identifikationsnummer des Abnehmers ist also aufzuzeichnen!)

In Deutschland haben Anspruch auf die Erteilung einer Umsatzsteuer-Identifikationsnummer (USt-IdNr. - beginnend mit "DE", es folgen dann weitere neun Stellen) beim Bundesamt für Finanzen alle Unternehmer, die zum Vorsteuerabzug berechtigt sind. Jeweils vierteljährlich ist dem Bundesamt über das Finanzamt eine "Zusammenfassende Meldung" der innergemeinschaftlichen Umsätze mit Identifikationsnummern der Erwerber und die Summe der Bemessungsgrundlagen abzugeben, soweit in dem Zeitraum steuerfreie Umsätze getätigt wurden.

In den Rechnungen sind neben den bisherigen Angaben und einem Hinweis auf die Steuerfreiheit die Idenditfikationsnummern vom Leistungserbringer und Leistungsempfänger anzugeben.

Die folgende Tabelle ist als Orientierungshilfe für die verschiedenen aktuellen Besteuerungsmöglichkeiten zu verstehen:

Erbringer der Leistung	**Empfänger der Leistung**	**Art der Leistung**	**Besteuerung im Land des / der**
Unternehmer	Unternehmer - **Steuerschuldner**	Lieferung	Ursprungs: steuerbar, aber steuerfrei **Bestimmung**: steuerbar und steuerpflichtig
Unternehmer	Unternehmer - nicht vorsteuerabzugsberechtigt - **Steuerschuldner**	Lieferung	**Bestimmung**: bei verbrauchssteuerpflichtigen Gütern und neuen KFZ **oder** bei anderen Gütern über der Erwerbsschwelle (25.000 DM Gesamtbetrag d. Entgelte aus EG im Vorjahr in der BRD) bzw. bei Erwerber-Option unter der Erwerbsschwelle
Unternehmer - **Steuerschuldner**	Unternehmer - nicht vorsteuerabzugsberechtigt	Lieferung durch Beförderung/ Versendung	**Bestimmung**: bei anderen Gütern (nicht verbrauchsstpfl., keine neuen KFZ) ohne Erwerber-Option unter der Erwerbsschwelle bei Lieferer-Option oder bei Überschreitung der Lieferschwelle (200.000 DM in der BRD) im Jahr in einen Mitgliedstaat
Unternehmer - **Steuerschuldner**	Unternehmer - nicht vorsteuerabzugsberechtigt	Lieferung durch Beförderung/ Versendung	**Ursprungs**: bei anderen Gütern (nicht verbrauchsstpfl., keine neuen KFZ) ohne Erwerber-Option unter der Erwerbsschwelle ohne Lieferer-Option (bei Unterschreitung der Lieferschwelle)
Unternehmer - **Steuerschuldner**	Unternehmer - nicht vorsteuerabzugsberechtigt	Lieferung durch Abholung	**Ursprungs**: bei anderen Gütern (nicht verbrauchsstpfl., keine neuen KFZ) ohne Erwerber-Option unter der Erwerbsschwelle

Erbringer der Leistung	**Empfänger der Leistung**	**Art der Leistung**	**Besteuerung im Land des / der**
Unternehmer - **Steuerschuldner**	Privatperson juristische, nicht unternehmerische Person	Lieferung durch Abholung	**Ursprungs**
Unternehmer - **Steuerschuldner**	Privatperson juristische, nicht unternehmerische Person	Lieferung durch Beförderung/ Versendung	**Bestimmung**: bei Überschreitung der Lieferschwelle (200.000 DM in der BRD) oder bei Unterschreitung der Lieferschwelle mit Option **Ursprungs**: bei Unterschreitung der Lieferschwelle ohne Option
Unternehmer	gleicher Unternehmer - **Steuerschuldner**	Verbringung von Waren	Ursprungs: steuerbar, aber steuerfrei **Bestimmung**: steuerbar und steuerpflichtig
Unternehmer	Unternehmer - **Steuerschuldner**	Funktionsändernde Werkleistung	Ursprungs: steuerbar, aber steuerfrei **Bestimmung**: steuerbar und steuerpflichtig
Unternehmer - **Steuerschuldner**	Unternehmer	Sonstige Leistung Güterbeförderung	Beförderungsbeginns: steuerbar und steuerpflichtig
Unternehmer	Unternehmer - **Steuerschuldner**	Sonstige Leistung Güterbeförderung	Mitgliedstaates: steuerbar und steuerpflichtig bei Identifikations-Nr.
Unternehmer - **Steuerschuldner**	Unternehmer	Sonstige Leistung Vermittlung	Ausführung des vermittelten Umsatzes
Unternehmer	Unternehmer - **Steuerschuldner**	Sonstige Leistung Vermittlung	Mitgliedstaates: steuerbar und steuerpflichtig bei Identifikations-Nr.

Sachverzeichnis

R

S

T

U

Sachverzeichnis: JOKO-EA-Arbeitsanweisung

www.ingramcontent.com/pod-product-compliance
Lightning Source LLC
LaVergne TN
LVHW042245300926
849161LV00003B/470